KB250640

한 학기
공부법
성적 급상승을 부르는 진짜 공부의 시작

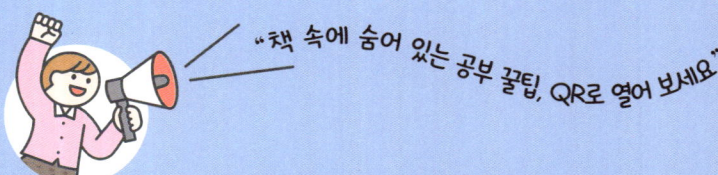

"책 속에 숨어 있는 공부 꿀팁, QR로 열어 보세요."

한 학기 공부법

성적 급상승을 부르는 진짜 공부의 시작

박인수 지음

BM (주)도서출판 성안당

우리는 왜 공부해야 할까요?

때로는 끝이 보이지 않는 터널을 달리는 것 같은 공부의 여정 속에서, 우리는 수없이 많은 질문과 마주합니다.

'내가 지금 제대로 하고 있는 걸까?'

'이렇게 공부하면 정말 목표를 이룰 수 있을까?'

'나에게 맞는 공부 방법은 있는 걸까?'

'나는 효과적으로 공부하고 있는 걸까?'

이러한 고민들은 어쩌면 지극히 당연한 것인지도 모릅니다. 복잡하고 빠르게 변화하는 시대를 살아가는 우리는, 끊임없이 배우고, 공부하고, 경쟁하며 성장해야 한다는 압박감 속에서 살아가고 있기 때문입니다.

요즘 아이들은 모두 똑똑합니다. 그러나 그 똑똑한 머리를 공부에 어떻게 활용해야 할지에 대한 충분한 고민과 안내가 부족하다 보니, 많은 학생들이 '공부는 어렵다!', '공부는 힘들다.'고 느끼는 것입니다.

어쩌면 수영법을 배우지 않은 아이를 물속에 던져 놓고 스스로 수영하는 방법을 터득하라는 것과 같은 상황이, 지금의 교육 현실인지도 모릅니다. 최소한 수영하는 방법이라도 알려 준 뒤 물에 들어간다면 훨씬 수월하게 익힐 수 있고, 수영하는 것 자체도 즐거워질 것입니다.

'교과서를 제대로 읽지 못하는 학생'

'핵심 단어를 찾지 못하는 학생'

'기억하기 어려워하거나 금세 잊어버리는 학생'

'문제를 풀고도 채점하지 않는 학생'

이처럼 기본적인 공부 방법조차 모르는 학생이 공부를 제대로 해낼 수 있을까요? 수영이 두렵고 힘들 듯, 공부 역시 어렵고 부담스러운 일이 될 수밖에 없습니다.

이 책은 제가 오랫동안 학원을 운영하며 수많은 학생을 멘토링한 경험을 바탕으로, 실제로 효과가 있었던 공부 방법과 습관을 정리한 것입니다. 화려하고 추상적인 이론보다는, 현실 속에서 바로 적용하고 꾸준히 실천할 수 있는 구체적인 방법들 위주로 풀어내고자 노력했습니다.

이 책을 읽어 보면서 자신의 공부 방법과 일치하거나 비슷한 내용을 발견한다면, '아! 내가 공부를 잘하고 있구나!'라는 자기 확신을 갖는 계기가 되었으면 좋겠습니다. 또한 '이렇게 하면 더 효과적이겠구나!' 하고 느껴지는 부분이 있다면, 그 방법을 공부에 적극 활용해 보세요.

이 책의 가장 큰 목표는 단순히 지식을 전달하는 데 있지 않습니다. 여러분 스스로에게 맞는 '자기 주도 학습 능력'을 기를 수 있도록 돕는 데 있습니다.

책을 통해 여러분은 다음과 같은 질문에 대한 해답을 차근차근 찾아가게 될 것입니다.

'진짜 공부 방법, 공부 습관이란 어떤 것인가?'

'자기 주도 학습 능력을 어떻게 키울 수 있나?'

'나에게 맞는 공부 방법은 어떤 걸까?'

더 이상 공부 때문에 좌절하거나 포기하지 마세요. 이 책은 여러분이 자기 주도 학습 능력을 키우고, 궁극적으로 원하는 목표를 이루어 자신의 잠재력을 활짝 꽃피울 수 있도록 구체적인 공부 방법과 습관을 안내할 것입니다.

한 번 읽고 덮어 버리는 책이 아니라, 늘 곁에 두고 공부에 대한 마음가짐, 방법, 습관, 전략 등에 대해 의문이 들 때마다 찾아보는 든든한 길잡이가 되어 주길 바랍니다.

여러분의 미래를 진심으로 응원합니다.

저자 드림

Thanks to

항상 곁에서 따뜻한 격려와 지혜로운 조언을 아끼지 않으며, 평생을 함께 살아갈 동반자가 되어준 선미에게 깊은 감사를 전합니다. 그리고 자신의 꿈과 목표를 향해 성실하게 나아가고 있는 사랑스러운 딸 소윤이, 아들 소율이에게도 깊은 사랑과 고마운 마음을 전합니다.

또한 강진군에서 음악 도시 조성을 위해 고민하고, 늘 창의적인 아이디어로 큰 힘이 되어 준 이태경, 섬세한 감성과 언어로 삶을 비추는 시인 정성희, 그리고 이름처럼 넓은 사랑과 깊은 지혜로 성장하고 있는 우주군에게도 진심 어린 감사의 인사를 전합니다.

차례

TIMETABLE

10 방학은 성장할 수 있는 기회의 시간

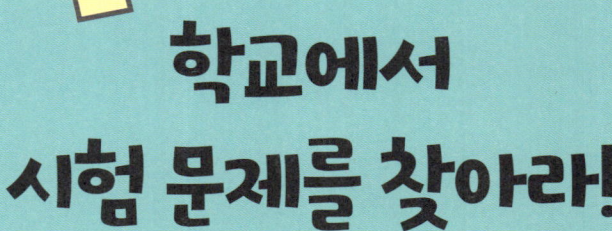

학교에서 시험 문제를 찾아라!

학교를 가기 위해 아침 일찍 일어나야 하고, 수업도 7교시까지 집중해서 들어야 합니다. 친구들과의 우정과 갈등 속에서 시험을 준비하고, 성적표도 받아야 하죠. 같은 시간, 같은 장소에서 같은 수업을 들었는데도, 누구는 앞에 서있고, 누구는 뒤쳐지는 이유가 무엇인지 고민해 본 적 있나요?

1 190일의 진짜 의미

190일은 '법정 수업일수' 예요. 초등학교, 중학교, 고등학교의 법정 수업일수는 [초·중등교육법 시행령] 제45조에 따라 매 학년 190일 이상으로 정해져 있습니다. 학교의 수업일수는 기준에 따라 학교장이 정하게 되며, 천재지변과 일정에 따라 약간의 변화 등은 있을 수 있지만, 대부분 365일 중 190일 이상은 학교에 등교해야 한다는 뜻입니다.

"190일? 너무 많은 거 아닌가요?"

그럼 이렇게 한 번 생각해 볼게요. 하루는 24시간이죠? 그중 학교에 있는 시간은 대략 오전 9시부터 오후 5시까지, 8시간 정도입니다. 그러면 하루 중 8시간, 즉 하루의 1/3만 학교에 있는 거죠. 그렇다면 190일×1/3=시간으로 환산하면 약 63일밖에 되지 않습니다.

혹시 아직도 63일이 많다고 느껴지나요? 그럼 더 쉽게 설명해 보겠습니다.

"한 달은 며칠이죠?"
"30일이요!"
"그럼 두 달은?"
"60일이요!"

맞아요. 63일은 약 두 달 정도의 시간입니다. 그렇다면 시간으로 따졌을 때 우리는 1년 중 약 두 달만 학교에 있고, 나머지 10달은 집에서 보내는 셈입니다. 어떤가요? 이래도 학교에서

그럼 학교에서는 겨우 2달 있는 거야!

190일=63일

보내는 시간이 많다고 느껴지나요?

오히려 정말 적죠.

즉, 학교에서 두 달 동안 수업 듣고 배운 내용을 바탕으로 남은 10달을 어떻게 보내느냐에 따라 성적은 크게 달라진다는 것입니다. 게임과 TV, 스마트폰으로 시간을 쓸 수도 있고, 무작정 공부만 하면서 시간을 보낼 수 있어요. 하지만 중요한 건 전략을 세워 효과적으로 공부하는 것입니다. 그래서 '자기 주도 학습 능력'이 필요합니다. 자기 주도 학습 능력이란? 여러분이 스스로 목표를 설정하고, 계획을 세우고, 공부 방법과 전략에 따라 실천하며, 결과를 평가하는 것까지. 이 모든 과정을 주도적으로 해 나가는 능력을 말해요.

'어렵지 않을까?', '과연 내가 잘할 수 있을까?' 걱정할 필요는 없습니다. 이 책에서는 그 모든 과정을 쉽게 따라 할 수 있도록 자세히 알려 줄 거예요. 잘 읽고, 그대로 학습에 적용해 보세요. 학교에서 보내는 시간은 실제로 두 달에 불과합니다. 집에서 보내는 10달의 시간을 얼마나 효과적으로 활용하느냐가 여러분의 미래를 결정짓는 열쇠니, 꼭 자기 주도 학습 능력을 여러분의 것으로 만들어 보세요.

2 아침은 새로운 시작의 기회를 준다

매일 아침, 잠과 치열한 사투를 벌이고 있진 않나요? 그뿐만 아니라, 눈을 뜨자마자 부모님의 고함과 잔소리가 들려오진 않나요? 왜 우리는 기분 좋게 아침을 시작하지 못할까요? 왜 그럴까요?

① 여유로운 아침 시간을 보내려면?

아침형 인간으로 유명한 사람들은 역사 속 위인부터 성공한 기업가, 예술가, 작가들까지 정말 많습니다. 예를 들어, 미국의 정치가이자 과학자, 발명가였던 '벤자민 프랭클린(Benjamin Franklin)'은 새벽 5시에 일어나 하루를 계획하고 학습하는 것으로 유명했습니다. 그는 "일찍 자고 일찍 일어나는 것이 사람을 건강하고, 부유하고, 지혜롭게 만든다."라는 명언도 남겼습니다. 또한 여러분이 좋아하는 아이폰과 아이패드를 만드는 애플의 CEO '팀 쿡(Tim Cook)'은 매일 새벽 3시 45분에 기상해 이메일을 확인하고 운동을 한다고 해요. 그는 일찍 일어나는 것이 하루를 주도적으로 시작하는 데 큰 도움이 된다고 믿었습니다.

이처럼 아침은 충분한 수면으로 회복된 뒤 가장 컨디션이 좋은 시간이므로, 이 시간을 어떻게 활용하느냐가 매우 중요합니다. 하지만 많은 학생들이 매일 잠과 싸우고, 시간에 쫓기며, 부모님과의 갈등까지 겪느라 소중한 아침 시간을 허비하고 있죠.

그런데 이상하지 않나요? 체험 학습이나 학교 행사가 있는 날에는 깨우지 않았는데도 스스로 일어나 샤워하고, 드라이하고, 화장까지 한 뒤 옷도 다림질해서 멋을 잔뜩 부리고 훨씬 이른 시간에 등교합니다. 게다가 친구와 아침에 만나기로 한 날에는,

"엄마, 7시에 꼭 깨워 줘!"

"진짜 꼭 깨워야 돼!"

이렇게 몇 번이나 당부하기도 하죠. 평소 학교 가는 날에는 아무리 깨워도 일어나지 않더니, 주말이나 휴일만 되면 알람 없이도 스스로 일어나 소파에 누워 TV를 보고 있는 모습을 볼 수 있어요. 아침 해는 똑같이 뜨는 데, 상황에 따라 행동이 달라지는 이유가 뭘까요?

어쩌면 아침에 일찍 일어나기 힘든 이유는, 학교에 가기 싫거나 잠이 부족해서일 수 있고, 또는 아침에 굳이 일찍 일어나야 할 이유를 느끼지 못하거나, 하루를 어떻게 보내야겠다는 기대가 없기 때문일지도 모릅니다. 하지만 잠들기 전에 내일 아침에 무엇을 해야 할지 미리 생각하고 잠자리에 든다면, 누가 깨우지 않아도 스스로 일어날 수 있습니다. 이러한 계획과 준비 없이 잠자리에 들기 때문에, 아침마다 집 안에 큰 목소리가 울려 퍼지고, 서로 기분이 상한 채로 하루를 시작하게 되는 것이죠.

그렇다면 어떻게 해야 할까요? 어떻게 하면 웃음으로 하루를 시작할 수 있을까요? 어떻게 하면 활기차고 기분 좋은 하루의 시작을 만들 수 있을까요? 이제 함께 그 방법을 알아보도록 해요.

1. 새벽 늦게까지 공부하려고 생각하지 마세요

수면 시간을 줄여 가며 새벽 늦게까지 공부하려는 생각을 먼저 버려 보세요. 그보다는 하루 중 깨어 있는 시간을 최대한 활용하는 것이 더 중요합니다. 우선, 하루 동안 얼마나 많은 시간을 낭비하고 있는지부터 알아보는 것이 좋겠죠. 예를 들어, 아침 자습 시간 30분, 점심시간 30분, 쉬는 시간을 모두 합치면 또 약 60분. 이렇게만 계산해도 벌써 2시간 정도의 시간이 흘러가고 있는 것입니다. 그 시간을 온전히 놀거나, 농담만 주고받으면서 보내고는, 수면시간을 줄여 가며 새벽까지 공두하겠다는 건 비효율적인 방법입니다. 새벽 3시, 아니 새벽 4시까지 잠을 참아 가며 공부하는 것보다, 깨어 있는 시간을 최대한 활용하고, 자정이나 1시쯤에 푹 자는 것이 오히려 다음 날 공부 효율을 높이는 데 훨씬 더 도움이 됩니다. 그러니 수면 시간을 줄이겠다는 생각보다는 깨어 있는 시간, 특히

자투리 시간을 얼마나 잘 쓸 것인가에 집중해 보세요. 그리고 정말 시간이 부족하다고 느껴질 때, 비로소 수면 시간을 조정하는 것이 현명한 선택입니다. 이제부터 깨어 있는 시간을 적극적으로 활용해 보세요!

2. 스마트폰과 태블릿이 문제예요

원래는 우리의 생활을 더 편리하게 만들어 주기 위한 IT 도구였지만, 요즘에는 오히려 많은 문제를 일으키고 있습니다. 공부는 뒷전이고, 새벽까지 유튜브를 보거나 친구들과 SNS를 하며, 게임과 OTT 콘텐츠에 빠져 늦게까지 잠을 자지 않는 학생들이 많다는 것이죠. 그러니 아침에 일어나기도 힘들고, 겨우 등교하더라도 수업 시간에는 부족한 잠을 보충하느라 정신이 없는 상태가 됩니다. 하루 종일 학교생활이 비몽사몽인 것이죠.

이런 학생도 있습니다. 수업 시간 내내 자고, 쉬는 시간에는 화장을 고친 뒤 다시 수업 시간에 자고, 또 고치고…. 웃기면서도 슬픈, 이른바 '웃픈' 학생들이 많습니다. 그래서 제안합니다. 잠잘 때는 스마트폰이나 태블릿을 방에 들고 가지 말고 거실에 두고 충전해 보세요. 그래야 깊은 숙면을 취할 수 있고, 아침에도 상쾌하게 일어날 수 있습니다. 충분한 수면은 머리를 맑게 해 주고 학교 수업에 집중하는 데에도 큰 도움이 됩니다.

잠자는 시간에는 거실에 있어라!

　부모님께서도 앞으로는 자녀들이 거실에 기기를 두고 잘 수 있도록 함께 지도해 주세요. 이제 스마트폰은 거실에 두고, 편안한 마음으로 깊은 숙면을 취해 보세요.

3. 아침에 해야 할 일을 생각해 보세요

　잠들기 전, 내일 아침에 해야 할 일들을 한번 떠올려 보세요. 아주 사소한 것이라도 괜찮습니다. 예를 들어, 가방 정리하기, 팔굽혀펴기 15개 하기, 책상 정리하기 등 작은 일부터 생각해 보세요.

　그리고 반드시 내일 아침에 실천하겠다는 다짐을 해 보세요. 플래너를 사용한다면, 아침에 해야 할 일을 미리 적어 두는 것도 좋습니다. 그다음, 아침에 알람이 울리면 심호흡하고 기지개를 켜 보세요. 그리고 벌떡 일어나 커튼이나 창문을 열어 햇볕을 쬐면 기분 좋게 깨어날 수 있습니다. 이런 작은 습관들이 여러분의 활기찬 하루를 시작하는 데 도움이 될 거예요.

4. 벌떡 일어나는 거야!

　아침에 눈을 떴다면 아무 생각하지 말고 곧바로 일어나세요. 잠시라도 망설이면 다시 눕고 싶어질 수 있으니, 단호한 마음가짐이 중요합니다. 일어난 후 가장 효과적인 방법은 곧바로 머리를 감거나 샤워하는 것입니다. 또는 체조를 하거나, 자신이 좋아하는 빠른 템포의 음악을 틀고 몸을 흔들거나 가볍게 춤을 추는 것도 좋습니다. 일찍 일어나기에 성공했다면, 스스로에게 작은 보상을 해 주는 것도 동기 부여가 됩니다. 예를 들어, 좋아하는 간식을 먹거나 즐겨 보는 콘텐츠를 잠시 보는 것도 괜찮습니다. 이 네 가지 방법 중 자신이 매일 실천하기 가장 쉬운 것을 하나 골라 꾸준히 실천해 보세요. 무엇보다 중요한 것은 일찍 일어나겠다는 의지입니다. 의지만 있다면 어떤 방법이든 반드시 효과를 볼 수 있을 거예요.

② 아침 시간에 무엇을 할까?

그렇다면 아침 시간을 어떻게 활용하면 더욱 알차고 의미 있게 보낼 수 있을까요? 아무리 일찍 일어났다고 해도, 거실이나 방에서 멍하니 시간을 보낸다면 일찍 일어난 의미가 전혀 없죠. 이렇게 아침 시간을 허투루 보내다 보면, 결국 아침 생활의 중요성을 느끼지 못하고 원래의 생활 방식으로 돌아가게 됩니다.

"아침에 일찍 일어나 봤자 별로 할 것도 없네."
"이럴 바에는 잠이나 더 자는 게 낫지 않을까?"

이런 생각이 들면서 점점 아침 습관이 무너지겠죠. 그렇다면 이제, 아침에 일찍 일어나는 습관이 생겼다면, 그 시간을 어떻게 하면 더 보람 있고 의미 있게 보낼 수 있을지 함께 알아볼까요?

1. 전날 공부 내용을 복습하는 거야!

짧은 아침 시간에 전날 공부한 내용을 복습하는 것이 가능할까 의문이 들 수도 있습니다. 하지만 아침 복습은 생각보다 오래 걸리지 않습니다. 이미 한 번 공부한 내용을 다시 보는 것이기 때문에, 간단히 훑어보는 것만으로도 충분한 효과를 얻을 수 있습니다. 이 과정에서 혹시 잊은 부분이 없는지 확인하고, 다시 기억 속에 각인시키는 것이죠. 처음 공부는 마치 밀림 속에서 길을 만들어 나가는 것과 같지만,

반복 학습은 이미 닦인 고속도로를 달리는 것처럼 빠르고 효율적입니다. 여유로운 아침 시간에 전날 공부한 내용을 반복해 보세요. 단기 기억이 장기 기억으로 바뀌는 데 큰 도움이 될 것입니다.

2. 수학 문제를 아침에 다시 풀어 보세요

전날 잘 풀리지 않았던 수학 문제를 풀어 보는 것도 좋은 방법입니다. 아침부터 수학 문제를 푸는 것이 다소 부담스럽게 느껴질 수도 있지만, 사실 아침의 뇌는 하루 중 가장 최적의 상태입니다. 왜냐하면 잠자는 동안 뇌는 노폐물을 제거하고, 신경망을 재정비하며 회복하는 과정을 거쳤기 때문입니다. 또한 아침의 뇌는 마치 오랫동안 굶주린 것처럼 정보를 빠르게 흡수하려는 성향이 강하다고 합니다. 그래서 어제는 어렵게 느껴졌던 문제가, 아침에는 놀랍도록 쉽게 풀리는 마법과 같은 경험을 하는 경우도 종종 있을 겁니다. 이처럼 아침은 집중력과 이해력이 가장 좋은 시간입니다. 수학 문제 해결에도 적극 활용하세요.

3. 가볍게 예습이나 독서를 해 보세요

오늘 배울 내용을 미리 예습해 보세요. 수업 전에 어떤 내용이 쉽게 이해되고, 어떤 부분이 어려운지 미리 파악해 두면 수업 참여도와 집중력이 향상될 수 있습니다. 또한 학습과 직접적으로 관련이 없더라도, 자신이 흥미를 느끼는 분야의 책을 읽는 것 역시 학습 동기를 키우고 배경지식을 넓히는 데 매우 효과적인 방법입니다.

오늘 공부의 양과 목표가 100m 달리기를 하는 거라면, 아침 시간을 활용한 여러분은 이미 30~40m 앞에서 출발하는 것과 같습니다.

아침 시간을 잘 활용해 보세요! 하루가 달라질 거예요.

③ 아침밥은 꼭 먹어야 해요!

우리의 뇌는 포도당을 주요 에너지원으로 사용합니다. 그런데 아침밥을 거르면 뇌에 필요한 에너지가 부족해져 집중력과 기억력이 떨어질 수 밖에 없습니다. 아침 식사는 밤새 공복 상태였던 신체에 에너지를 공급해 활력을 불어넣고, 성장에 필요한 영양도 제공해 주는 중요한 역할을 합니다. 또한 저작 운동(씹는 활동)은 뇌를 적절히 자극해 깨우고, 학습 활동에 집중할 수 있는 상태로 준비해 줍니다. 정신없이 일어나 등교할 때는 배고픔을 느끼지 못할 수 있지만, 2교시가 끝날 때쯤 배가 고파서 짜증이 나거나 불안감을 느끼는 경우도 있고, 과잉 행동을 보이기도 합니다. 이로 인해 학습 효율이 떨어지고 학업 성취도에도 부정적인 영향을 미칠 수 있습니다. 또한 아침을 거르면 점심에 폭식하게 되는데, 이로 인해 혈당이 급격히 올라갔다가 떨어지는 과정에서 식곤증이 생기고, 오후 수업 시간에 졸음까지 쏟아져 집중하고 싶어도 집중할 수 없게 됩니다. 결국 아침밥을 먹지 않으면 '오전에는 짜증, 오후에는 졸음!'이라는 악순환이 반복되는 것이죠.

아침밥은 단순한 한 끼 식사를 넘어 학업 능력 향상, 건강 유지, 정서 안정에 중요한 영향을 미치는 필수 습관입니다. 그러니 조금만 더 일찍 일어나 아침밥을 챙겨 먹도록 하세요. 영양학자 아델 데이비스(Adele Davis)는 이렇게 말했습니다.

"아침은 왕처럼, 점심은 왕자처럼, 저녁은 거지처럼 먹어라."

여러분들도 아침밥만큼은 왕처럼 든든하게 먹어 보세요!

3 호기심을 자극하는 '예습'

한 번도 가보지 못한 곳으로 여행을 떠날 때를 생각해 보세요. 우리는 출발하기 전에 미리 지도를 검색하고, 블로그 후기, 다른 사람의 경험담을 찾아보며 정보를 수집합니다. 왜일까요? 바로 시행착오를 줄이고, 최고의 선택을 하기 위해서입니다.

공부도 여행과 마찬가지로, 사전 정보와 지식이 있는 상태에서 수업을 듣는 것과 아무런 준비 없이 백지상태에서 듣는 것에는 큰 차이가 있습니다. 그래서 수업을 잘 듣고 집중하기 위해서는 예습이 반드시 필요합니다. 그런데 많은 학생들이 예습이 무엇인지, 어떻게 해야 하는지, 잘 몰라 막연한 부담감에 실천조차 못하는 경우가 많습니다. 예습에 대해 물어보면 대부분 이렇게 말하죠.

"미리 공부하는 거요."
"다음에 배울 내용을 공부하는 거요."

한번 생각해 봅시다.

누구에게서든 배우지 않는 내용을 혼자서 미리 공부하는 것이 가능할까요? 너무 어렵고 시간도 오래 걸리겠죠. 그렇기 때문에 예습을 어렵고 힘들게 생각하고, 예습을 하는 데 시간도 오래 걸리니 자연스럽게 하지 않는 것이죠. 이런 예습을 할 바에는 차라리 복습을 더 열심히 하는 게 나을 거예요! 그렇다면 예습은 어렵기만 한 걸까요? 아닙니다. 지금부터 누구나 쉽게 실천할 수 있는 방법을 알려 드릴게요.

잘 읽고 꼭 실천해 보세요!

1. 예습은 언제 하는 것이 좋을까?

먼저, 예습을 언제 할지 정하는 것이 중요합니다. 예습은 개인의 학습 스타일이나 과목의 특성, 목표에 따라 가장 적절한 시간이 다를 수 있기 때문에, 자신에게 맞는 시간대를 선택하는 것이 좋습니다. 예를 들어, 수업 전날 저녁이나 아침 자습 시간을 활용하던, 수업 내용을 미리 파악할 수 있어 수업 참여도와 집중력을 높이는 데 큰 도움이 됩니다.

한 과목당 예습 시간은 5분 정도면 충분하므로, 부담 없이 실천할 수 있죠. 전날 저녁에 할지, 등교 후 자습 시간에 할지, 혹은 쉬는 시간에 간단히 할 것인지만 미리 정하고 꾸준히 실천하는 것이 효과적입니다.

단, 시간이 부족하다고 해서 겉핥기식 예습으로 끝나지 않도록 주의해야 합니다. 주말을 활용한 예습도 좋은 방법이 될 수 있습니다. 주말에는 시간이 비교적 여유롭기 때문에 학습 전반의 흐름을 파악하거나 주요 개념을 미리 익히는 데 도움이 됩니다. 다만, 수업까지 시간이 멀어 기억이 희미해 질 수 있으니, 수업 전 다시 예습하는 것이 좋습니다. 중요한 것은 자신에게 맞는 시간과 방법을 찾고, 예습의 독적을 분명히 하며 습관화하는 것입니다. 이 작은 습관이 수업 이해도와 집중력에 큰 차이를 만들어 줄 것입니다.

2. 어떻게 예습을 할까?

교과서와 학습지를 펼쳐 다음 시간에 배울 단원의 제목과 학습 목표를 먼저 확인하세요. 그러면 무엇을 배우는지, 어떤 내용을 중심으로 이해하고 습득해야 하는지 전체적인 감을 잡을 수 있습니다. 그 다음에는 교과서를 천천히 읽으며, 이미 알고 있는 내용과 잘 모르는 내용을 구분해 보세요. 그리고 수업 시간에 가장 집중해서 들어야 하는 부분에 기호를 표시해 두고, 어려운 개념이나 용어에 대해서는 미리 질문을 만들어 두는 것도 매우 효과적인 방법입니다.

이게 예습이야!

예습, 간단하죠?

이렇게 하면 수업 시간에 더 집중할 수 있고, 중요한 내용을 놓치지 않게 되죠. 이게 바로 예습이에요! 정말 간단하죠? 이제 여러분도 충분히 할 수 있겠죠?

예습을 하면 이미 알고 있는 내용에는 흥미가 생기고, 모르는 내용은 호기심이 생겨 수업을 적극적으로 듣게 됩니다. 기호로 표시해 둔 부분은 자연스럽게 집중력이 높아지고요.

예습은 많은 시간을 투자하지 않아도 됩니다. 이미 해야 할 공부도 많은데, 예습까지 많은 시간을 투자한다면 오히려 공부에 대한 부담이 커질 수 있죠. 그러니 어렵게 생각하지 말고 가볍게, 그러나 꾸준히, 능동적으로 해 보세요.

예습은 수업의 집중도와 이해도를 높이는 데 영향을 줍니다. 반대로 예습 없이 수업을 듣게 되면 모든 내용이 낯설고, 무엇이 중요한지 알기 어려워서 오히려 혼란스러울 수 있습니다. 알고 있는 내용이 없다 보니 수업에서의 모든 내용이 중요하게 느껴지고, 흐름을 제대로 파악하지 못해 학습 효과가 떨어지게 됩니다. 하지만 예습을 해 두면 중요한 내용과 그렇지 않은 내용을 스스로 구분할 수 있고, 핵심을 중심으로 메모하고 필기할 수 있기 때문에 수업을 더욱 효과적으로 활용할 수 있다는 거죠.

결론적으로, 예습은 단 5분의 짧은 시간으로 45분 수업의 질을 완전히 바꿀 수 있는 강력한 학습 습관입니다. 공부에 큰 영향을 주는 예습, 이제는 선택이 아닌 필수죠. 지금부터라도 가볍고 즐거운 마음으로 예습을 시작해 보세요. 능동적으로 예습하는 습관, 반드시 여러분의 학습에 큰 힘이 되어줄 거예요.

4 시험 출제자의 수업이 가장 중요해!

문제 하나 같이 풀어 보면서 이야기를 시작해 볼까요? '원래의 길보다 더 짧은 거리를 이동하여 목적지에 도착하는 길을 지름길'이라고 합니다. 그렇다면, 여러분이 원하는 성적에 도달할 수 있도록 지름길을 알려 주는 선생님은 다음 중 누구일까요?

1번. 과외나 학원 선생님   2번. 스타 강사 또는 일타 강사

3번. 학교 선생님   4번. 뻠샘

정답은 3번, 학교 선생님입니다.

① 시험 출제자는 누구니?

몇십억의 수익을 올리는 인기 강사라 해도, 우리 학교 시험 문제를 단 1문제도 출제할 권한은 없습니다. 그러므로 성적을 올릴 수 있는 지름길은 시험을 출제하는 학교 선생님의 수업을 열심히 듣는 것입니다. 물론 학교 수업이 재미없고, 딱딱하고, 지루하게 느껴질 수도 있습니다. 하지만 시험 문제를 출제하는 사람은 다름 아닌 학교 선생님입니다. 이 사실을 꼭 기억해야 해요.

예를 들어 볼까요? 대학 수학 능력 시험(수능) 수학 출제위원이 순천의 '팔마체육관'에서 수능과 관련된 강연을 한다고 상상해 보세요. 아마도 비싼 입장료를 내더라도 전국에서 수만, 수십만 명의 학생과 학부모가 몰려들 겁니다. 왜일까요?

수능 문제와 관련된 아주 작은 정보 하나라도 얻기 위해서겠죠. 강연을 들으며

열심히 필기하고, 한마디도 놓치지 않으려고 집중하겠죠. 당연하지 않나요? 하지만 현실에서 그런 강의는 존재하지 않습니다.

수능 출제위원들은 시험 문제 유출을 막기 위해 외부와 완전히 차단된 상태, 즉 감금된 환경에서 문제를 출제합니다. 숙소에는 유선 전화도 없고, 건물 외관도 공사 중인 것처럼 위장한다고 합니다. 정말 엄격하죠. 그렇다면 여러분의 내신 시험 문제는 누가 출제할까요? 바로 여러분의 학교 선생님입니다. 수능 출제자의 강연과 내신 출제자의 수업, 시험의 성격만 다를 뿐, 핵심은 같습니다.

공부를 잘하지도 못하면서 사교육에서 이미 배운 내용이라는 이유로, 또는 학교 수업이 재미없다는 이유로 제대로 듣지 않는 경우가 많습니다. 심지어 수업 시간에 졸거나 멍하니 있고, 아예 다른 과목의 학원 숙제를 하곤 합니다. 시험 기간이 가까워지면 오히려 자습 시간을 달라고 요구하는 경우도 있는데, 이런 태도는 많이 아쉽습니다. 반면, 상위권 학생들은 전혀 다르게 행동합니다. 이들은 사교육을 통해 이미 배운 내용이 있다 해도, 학교 수업을 정말 열심히 듣습니다. 수업 내용을 필기하고 메모하며, 수업이 끝난 뒤에는 질문도 하면서 선생님의 설명에서 중요한 부분이 무엇인지 찾아내려고 노력하죠. 즉, 몰라서 수업을 열심히 듣는 것이 아니라 시험에 출제될 핵심을 파악하기 위해서 열심히 듣는 거예요.

실제로 수업을 열심히 듣다 보면 교과서에는 없지만 보충해서 설명해 주시는 부분에서 시험 문제가 많이 출제되고, 때로는 직·간접적으로 중요한 힌트를 알려 주십니다. 중학교의 경우, 시험 일주일 전에는 시험과 관련된 핵심 정보나 방향성을 구체적으로 알려 주시기도 하죠. 그렇기 때문에 학교 수업을 열심히 듣고, 메모하고, 필기하면서 능동적으로 참여하는 것이야말로 이해도 최고, 출제 경향 파악도 최고, 그리고 결국에는 성적도 최고로 이어지겠죠.

결론! 학교 수업을 열심히 듣는 것이 여러분이 원하는 성적에 도달할 수 있는 가장 확실한 지름길입니다.

❷ 제발 수업 시간에 이러지는 말자!

'스승의 은혜는 하늘과 같다'는 말이 있죠. 옛말에는 스승의 그림자는 밟지도 않는다고 했습니다. 시험 문제를 출제하는 선생님께서 여러분에게 가르침을 주시는데, 수업 시간에 집중하지 않고 장난치면 안 되겠죠.

1. 교과서와 학습지, 어디에 있나요?

수업 시작부터 지적을 받는다면 기분이 좋을 리 없습니다. 수행평가 점수는 감점되고, 수업 중 필기할 자료가 없다 보니 내용에 이해와 집중을 하지 못합니다. 그러니까 수업에 적극적으로 참여하기 어렵고 소극적인 태도를 보이게 되는 것이죠.

2. 왜 몰래 만화책을 읽고 있는 거죠?

교과서보다 작거나 비슷한 크기의 책을 들고 와서 교과서 뒤에 숨기고 몰래 보는 친구들이 있습니다. 선생님 눈치를 보면서 수업에 집중하는 척하지만, 사실 만화책을 읽는 중이죠. 더 큰 문제는, 그런 행동을 마치 영웅처럼 "나 수업 시간에 만화책 읽었어."라고 자랑하는 학생입니다. 공부는 뒷전이고, 남을 속이는 눈치만 늘어나는 거예요.

3. 수업 시간에 학원 숙제를 꺼내는 이유가 뭔가요?

"그래도 공부는 하잖아요."라고 생각할 수 있겠지만, 수업 시간에 학원 숙제를 몰래 하는 건 결국 어떤 것에도 집중하지 못하는 결과를 낳습니다. 수업도 제대로 듣지 못하고, 숙제도 대충 하게 되는 습관이 생기죠. 당장은 시간을 아끼는 것처럼 보여도, 장기적으로는 학업 능력을 떨어뜨리는 원인이 될 수 있습니다. 수업 시간에는 학원 숙제를 절대로 하지 마세요!

4. 지금이 미술 시간인가요?

수업 시간에 교과서나 학습지 빈칸에 그림을 그리고 색칠하느라 수업 내용을 놓치는 학생들이 있어요. 그림 실력은 늘지 몰라도 정작 시험이 걱정입니다. 다양한 형광펜으로 무지개처럼 교과서와 노트, 보기엔 화려하지만 성적이 좋지 않은 경우도 많습니다. 수업 시간에는 색칠보다 메모와 필기가 우선입니다.

5. 놀이터는 아파트 단지에 있어요

수업 시간에 집중하지 못하고 친구들과 눈 마주치며 웃고, 눈빛으로 대화가 가능한 대단한 초능력을 가진 학생들이 있죠. 지나가는 사람 옷 색깔 맞추기, 자동차 이름 맞추기 등과 같은 즉석 게임까지 등장합니다. 그러나 수업이 진행되는 교실은 놀이터가 아닙니다. 수업 시간은 선생님이 핵심 내용을 체계적으로 전달하고, 중요한 개념을 설명하는 소중한 시간입니다. 이 시간을 헛되이 보내면 이해 없이 암기만 하게 되어 공부가 점점 어려워지고, 결국 학업 성취도가 낮아질 수 밖에 없다는 사실을 꼭 기억하세요.

❸ 수업을 효과적으로 듣는 방법은?

수능 시험이 끝나면 꼭 등장하는 인터뷰 기사가 있죠.

"어떻게 공부하셨어요?"
"학교 수업과 교과서만으로 공부했어요!"

이 말이 사실이냐 아니냐는 논쟁보다 중요한 것은, 이 한마디가 학교 수업의 중요성을 분명하게 말해 준다는 점입니다. 아무런 준비 없이 수업을 듣기보다는, 예습을 통해 다음 수업 내용을 짐작하고 듣는 것이 효과적이라는 사실을, 이제는 다 알고 있죠?

그렇다면 수업 전 예습은 어떻게 하면 좋을까요? 우선 단원명을 보면서, '지난 시간에는 저 내용을 배웠고, 이번 시간에는 이런 걸 알려 주시겠구나.' 하고 내용의 흐름을 예상해 보세요. 그리고 '이 부분이 중요하니 더 집중해서 잘 들어야겠다.'는 생각도 같이하면 더욱 좋겠죠. 여기까지는 수업 전 워밍업 단계이며, 드라마나 영화의 예고편 정도라고 생각하세요.

그렇다면 어떻게 수업을 들어야 1등급, 상위권이 될 수 있는지 알아볼까요?

1. 수업 준비, 기본 중의 기본!

교과서, 학습지, 공책, 필기도구 등은 반드시 준비되어 있어야 합니다. '준비된 자간이 기회를 잡는다.'는 말처럼, 제대로 준비가 되어 있어야 예습도 가능하고, 선생님이 강조하는 내용에 밑줄을 긋거나 판서한 내용을 적을 수 있죠. 준비만 잘해도 수업 집중력이 훨씬 높아지고 칭찬도 받을 수 있습니다.

2. 집중과 휴식, 적절히 조절하세요

수업 시간 45분 동안 내내 집중해야 한다는 말, 들어보셨죠? 하루에 6~7교시를 집중하기란 정말 어려운 일입니다. 그래서 요령이 필요합니다. 선생님이 중요한 내용을 설명하실 때는 집중하고, 수업과 크게 관련 없는 내용에서는 눈은 선생님을 바라보되, 살짝 마음을 쉬게 하세요. 이런 '집중과 휴식의 리듬'을 잘 활용하면 오히려 수업의 몰입이 높아집니다.

3. 핵심을 파악하는 법

선생님은 중요하게 생각하는 내용이 나올 때, 평소와 다른 말투와 행동을 보이시는데, 이것을 '담화 표지'라고 부릅니다. 담화 표지는 수업의 핵심을 짚어 내는 강력한 힌트입니다.

(1) 언어적 담화 표지

- **부사**: 먼저, 다음에, 마지막으로, 특히, 정말, 확실히, 결론적으로 등
- **접속사**: 그리고, 그러나, 그래서, 그러면 등
- **의문사**: 알겠지?, 이해되니?, 그렇지? 등
- **기타**: 내 생각에는, 솔직히 말하면, 사실은, 다시 말해서, 예를 들어 등

(2) 비언어적 담화 표지

- **몸짓**: 판서에 동그라미, 칠판과 교탁 두드리기 등
- **억양 및 어조**: 반복해서 강조, 음의 높낮이 조절, 말 속도 느리게 하기 등

(3) 직접적인 담화 표지

- "이거 시험에 나옵니다!", "중요합니다 외우세요!", "작년에 출제 됐어요!", "서술형이에요!" 등

담화 표지는 선생님의 수업 내용을 효과적으로 이해하고, 학습 효율을 극대화하는 데 아주 중요한 역할을 합니다. 이런 표지를 포착하여 메모하거나, 필기하면 공부 효율이 확 올라갑니다.

4. 전략적으로 필기하세요

모든 내용을 빽빽하게 적으려 하면, 오히려 더 중요한 선생님의 설명을 놓칠 수 있습니다. 필기에도 요령이 필요합니다. 자신만의 기호와 색상 규칙을 정해 보세요. 예를 들면, 다음과 같이 정해 보는 거죠.

기호와 색상의 활용법

파란색: 강조된 설명
빨간색: 시험 관련 내용
별표나 네모: 반드시 암기할 부분

교재 여백에 직접 필기하고, 공간이 부족하면 포스트잇을 적극 활용하세요. 메모나 필기를 할 때, 글씨를 너무 정성스럽게 쓰려다 수업 내용을 놓치지 않도록 주의하세요. 수업 흐 쉬는 시간이나 점심시간에 다시 정리하면 복습하는 효과도 있죠. 열심히 필기하는 것만으로도 수업 집중력과 이해력을 크게 향상시킬 수 있습니다.

TiP

수업 내용을 도식화해서 핵심만 간결하게 정리하고, 내용을 떠올리는 데 도움이 되는 인출 단서까지 함께 정리해 두면, 수업 속도에 맞춰 필기를 훨씬 수월하게 할 수 있습니다.

5. 수업 중에는 친구에게 질문하지 마세요

수업 중 이해가 안 되더라도 옆 친구에게 질문하지 마세요. 자칫 수업 흐름을 방해하고 집중력이 흐트러질 수 있습니다. 또한 질문이 농담으로 번져 수업 시간 전체를 흐릴 수도 있어요.

'질문하면 수업을 놓치고, 분위기를 망친다!'

궁금한 내용은 표시해 두었다가 쉬는 시간에 선생님이나 친구에게 묻거나, 귀가해서 참고서나 인터넷 강의를 활용해 보세요. 거의 90% 이상 해결할 수 있습니다.

6. 리액션, 수업 집중의 비밀 무기!

친구가 공연할 때 크게 박수 쳐 주고 잘 웃어 주면 기분이 좋겠죠?

선생님도 마찬가지입니다. 눈을 맞추며 고개를 끄덕이고, 질문에 자신 있게 대답하고, 모를 땐 갸우뚱하는 등의 리액션은 수업 시간 내내 선생님과의 교감에 큰 도움이 됩니다. 더 나아가 질문하러 교무실에도 찾아가 보세요. 선생님 책꽂이의 참고서 목록을 살짝 훑어보고 같은 책을 구입해 보는 것도 하나의 전략이 될 수 있습니다.

요즘 뉴스에서는 시험이 다가오면 수업을 거부하고 자습을 요구하는 학생들 이야기가 나오곤 합니다. 다른 선생님은 자습을 시켜 준다며 항의하는 경우도 있지요. 하지만 우리는 그러지 맙시다.

다시 한번 이 말을 기억해 봅시다.

"제자는 스승의 그림자도 밟지 않는다."

시험을 출제하는 선생님의 수업을 잘 듣고, 더 똑똑하게 공부하는 지름길로 가 봅시다!

5 깨어 있는 시간을 최대한 활용하는 것이 가장 중요해!

쉬는 시간! 말 그대로 쉬라고 있는 시간이죠. 그래서 이 시간에 공부하라고 하면 다소 어색하게 느껴질 수 있어요. 하지만 해야 할 공부가 많고, 시험 기간도 다가왔으며, 또 새벽까지 공부하고 싶지 않다면 쉬는 시간을 조금이라도 활용해보는 것도 좋은 방법이라고 생각합니다.

"쉬는 시간은 10분이잖아요."

맞아요. 그런데 오늘 하루 동안 쉬는 시간을 합치면 약 1시간 정도가 됩니다. 그리고 점심시간 1시간이니, 식사 시간을 제외하면 대략 30분은 공

> 중간 중간 열심히 공부했더니 잠을 1시간 30분이나 더 잘 수 있어!

부할 수 있는 시간이 생기죠. 이렇게 계산해 보면, 쉬는 시간과 점심시간을 잘 활용하면 하루에 1시간 30분 정도는 충분히 공부할 수 있다는 뜻입니다. 이 시간을 활용해 복습을 하거나 숙제를 끝낸다면, 집에 가서 그만큼 1시간 30분 더 일찍 잠을 잘 수 있는 것 아니겠어요?

꽤 매력적인 선택 아닌가요?

이런 말도 있습니다. "2분 빨리 책을 펴고, 2분 늦게 책을 덮으면 목표를 이룰 수 있다!" 또는 "대학교가 달라진다!"라는 말이요. 여기서 '2분 빨리 펴는 책'은 예습, '2분 늦게 덮는 책'은 복습을 의미합니다.

심리학자 헤르만 에빙하우스의 '망각곡선'에 따르면, 학습 후 20분이 지나면 배운 내용의 약 42%를 잊는다고 합니다. 그렇다면 수업이 끝나고 집에 도착할 즈음이면 이미 절반 가까이 잊었다는 거죠. 그래서 중간에 한 번 복습을 해 주는 것이 효과적인데, 생각해 보니 가장 빠르고 효과적인 복습을 할 수 있는 시간이 바로 수

업 직후의 쉬는 시간과 점심시간입니다.

물론 누군가는 이렇게 말할 수도 있겠죠.

"쉬는 시간이 고작 10분인데, 어떻게 45분짜리 수업 내용을 다 복습해요?"

그런 의문이 드는 것도 이해됩니다. 그런데 우리 한번 같이 생각해 볼까요? 오늘 아침에 일어나서 지금까지 있었던 일을 2분 동안 생각해 보세요. 생각보다 2분이면 오늘 있었던 모든 일을 다 떠올릴 수 있을 것입니다. 오히려 시간이 남을 수도 있고요. 그렇다면 45분의 수업 내용도 2분이면 한 번 떠올릴 수 있다는 뜻 아닐까요? 가능하다는 걸 알았으니, 이제 구체적으로 어떻게 하면 되는지 알려 줄게요. 먼저, 수업 흔적이 남아 있는 교과서나 학습지를 펼쳐 보세요. 그런 다음 선생님의 설명을 떠올리면서 쭉 읽어 봅니다.

"아! 이 부분에서 이런 예시를 들었지."
"이건 특히 중요하다고 강조하셨지."
"이 사람의 업적은 시험에 잘 나온다고 했지."

이렇게 수업 장면을 회상하며 오타나 잘못 쓴 부분은 수정하고, 부족한 내용은 추가하면서 필기를 완성해 나가면 됩니다. 물론, 쉬는 시간에 도저히 이해가 안 되는 내용이 있을 수도 있어요. 그런 내용은 억지로 그 시간에 해결하려고 하지 말고, 따로 표시를 해 두었다가 집에서 참고서나 인터넷 강의를 통해 마저 이해하고, 기억하면 됩니다. 이 시간을 활용하는 습관이 수업에 더 집중하게 만들고, 자연스럽게 복습하는 힘을 길러 줄 수 있습니다. 오늘부터 쉬는 시간을 스마트하게 바꿔 보는 건 어떨까요?

6 교과서를 집으로 가지고 가세요

오늘 학교 수업도 열심히 들었고, 쉬는 시간도 알차게 활용했습니다. 정말 잘한 하루 였죠. 그런데, 여기서 끝일까요?

이제부터가 진짜 공부의 시작이에요. 벼락치기가 아닌, 꾸준한 반복 학습, 즉 복습이 필요한 시간입니다.

수업 시간에 가장 집중했던 그 순간이 이해도가 높았던 때고, 그렇게 잘 이해한 내용이 결국 가장 오래 기억에 남는다는 사실을 잘 알고 있죠?

교과서를 여기에 두고 가면, 집에서는 무엇으로 공부하지?

공부의 가장 기본은 오늘 배운 내용을 내 것으로 만드는 것입니다. 그렇다면 복습을 하기 위해 가장 먼저 필요한 것은 무엇일까요? 그것은 바로 교과서, 학습지, 수업 노트입니다. 그런데 안타깝게도 많은 학생이 이 소중한 자료들을 모두 사물함에 넣어 두고 집으로 가 버리곤 합니다. 이것이 문제라면 문제죠. 수업 시간에 선생님이 설명해 주신 내용, 교과서의 핵심 개념, 학습지에 정리된 요점과 추가 자료들을 학교에 두고 왔다면, 무엇으로 복습하고 공부를 하겠다는 걸까요?

문제집만 풀 건가요? 참고서만 볼 건가요? 물론 참고서도 도움이 되긴 합니다. 하지만 핵심 요약만 있는 참고서는 깊이 이해하는 데 어려움이 있다는 단점이 있습니다. 참고서는 '참고'하는 책이지, 공부의 중심이 되어서는 안 됩니다. 예를 들어, 교과서는 A사의 출판사인데, 참고서는 B사 것을 사용한다면 내용과 정리의 흐름이 달라 서로 섞여 혼란이 올 수 있습니다.

제대로 복습하고 공부를 하려면, 교과서, 학습지, 수업 노트 정도는 매일 가방에 넣고 다니는 습관이 필요합니다. 가방이 무겁다는 핑계를 대는 친구들도 있지만 하루 시간표에서 예체능과 진로 과목을 제외하면, 가져가야 할 교과서는 세 권 남짓입니다. 그리고 얇은 학습지와 노트 한두 권이면 끝입니다.

시험 성적이 좋지 않아 목표에 도달하지 못했을 때 느끼는 걱정과 후회, 심리적 부담감이 가방의 무게보다 훨씬 더 무거울 것입니다. 그러니 모든 수업이 끝난 뒤 한꺼번에 챙기려 하지 말고, 수업이 끝나면 2분 복습을 마친 후 곧바로 가방에 넣는 습관을 들여 보세요.

'좋은 목수는 연장 탓을 하지 않는다.'는 말이 있지만 요즘은 오히려 좋은 연장이 있어야 더 편하고 쉽게, 효율적으로 결과를 만들 수 있어요. 공부도 마찬가지입니다. 오늘 수업에서 사용한 자료들을 그때그때 챙겨서 집으로 가져와야 편하고 효과적인 복습이 가능합니다. 앞으로 수업 시간에 사용한 귀중한 수업 자료들을 꼭 챙겨서 집으로 가져가세요. 가방은 조금 무거워질 수 있지만, 마음은 훨씬 가벼워질 겁니다.

1-2

진짜 공부를 시작해 보는 거야!

공부의 가장 기본은 오늘 학교에서 배운 내용을 내 것으로 만드는 것입니다. 지금까지는 공부 방법이 없었거나 몰라서 실천하지 않았다면, 지금 이 순간부터 나만의 공부 방법과 습관을 만들어 가야 합니다.

2~3년 후의 나를 지금 실천해야 1등이 된다

많이 노력하고, 열심히 공부했는데도 성적이 오르지 않거나 오히려 떨어질 때, 많이 속상하고 심지어 공부 자체가 싫어질 수 있습니다. 왜 이런 결과가 나오게 될까요? 다음 내용을 천천히 읽으며, 앞으로 공부할 때의 마음가짐과 방향을 함께 생각해 보세요.

① 더 열심히 했는데, 성적은 제자리!

고등학교에 입학해서 첫 중간고사를 치른 뒤 많은 학생들이 이렇게 말합니다.

"선생님, 저 이번 시험 망쳤어요. 중학교 때보다 더 열심히 공부했는데 성적이 떨어졌어요."

"공부 시간도 늘렸는데 결과가 별로예요."

이런 일이 생기는 이유는 무엇일까요? 성적이 그대로이거나 더 떨어지는 이유는 간단합니다.

남들이 기어갈 때 걸어야 하고, 걸어갈 때 달려야 하는데~!

나만 열심히 공부한 것이 아니라, 다른 학생들도 열심히 했기 때문입니다. 중학교 때보다 더 열심히 공부했지만, 대부분의 학생들 역시 공부량을 늘렸기 때문에 성적의 차이가 크지 않았던 것입니다. 예를 들어, 내가 걸어갈 때 다른 친구들도 걷고 있고, 내가 뛸 때 다른 친구들도 함께 뛰었기 때문에 성적의 변화가 그대로이거나 오히려 뒤처질 수도 있습니다.

그럼 이렇게 생각해 봅시다. 지금 쏟고 있는 노력과 시간을 중학교 때 미리 실천했더라면, 성적은 어땠을까요? 아마도 최고의 성적을 받았을 가능성이 큽니다.

초등학교 시절을 떠올려 보세요. 초등학생이지만 중학생처럼 공부하던 친구가 있었고, 당연히 그 친구는 늘 성적이 좋았을 겁니다. 이처럼 고등학교 1학년이 단순히 중학교 때보다 더 열심히 해야 한다는 마음만으로는 부족합니다. '나는 고3이다.'라는 각오로 공부해야 1등급에 도달할 수 있습니다.

그렇다면 고3은 어떻게 공부해야 할까요? 고시를 준비하는 수험생처럼 절박한 마음으로 임해야 합니다. 예를 들어, 가족의 생계를 책임지는 가장이 있다고 생각해 보세요. 이 시험에 떨어지면 사랑하는 가족이 지금보다 더 힘든 삶을 살아야 한다면, 그 사람에게 이 시험은 단순한 시험이 아니라 인생의 전환점이 됩니다.

② 생각이 바뀌면 모든 것이 달라져요

우리는 시간이 흐르면서 학년이 올라가고, 그에 따른 공부량과 학습 내용도 점점 많아지고 어려워집니다. 학년이 올라가면 누구나 공부량은 자연스럽게 늘어나기 때문에 모두가 함께 공부할 때 성적 차이를 만들기는 쉽지 않습니다.

그래서 공부를 정말 잘하고 싶다면, 먼저 생각을 바꿔 보세요. 지금 초등 고학년이라면 '나는 중학생이다.'라는 마음으로 공부해 보시기 바랍니다. 지금 중학생이라면 '나는 고등학생이다.'라는 생각으로 실천해 보시기 바랍니다. 지금 고등학교 1학년이라면 고3처럼, 고3이라면 고시생처럼 간절한 마음으로 공부해 보세요.

그럼 성적은 분명 달라질 수 있습니다.

어차피 언젠가는 하게 될 공부라면, 지금 미리 시작하는 것이 좋습니다. 단, 2~3년만 앞선 마음으로 공부를 실천한다면, 성적 차이를 확실하게 실감할 수 있을 것입니다.

진짜 공부할 아지트를 찾아라

요즘은 공부할 마음만 있다면, 공부하기 좋은 장소가 참 많습니다. 집에서도 할 수 있고, 아파트 단지 내 독서실, 도서관, 그리고 스터디카페 등 다양한 공간이 마련되어 있죠. 그렇다면 여러분은 어떤 장소에서 가장 집중이 잘 되나요?

1 집에서 공부를 시작해 보려면?

집에서 하는 공부는 시간과 장소의 제약 없이 자신의 속도에 맞춰 학습할 수 있어 효율적이고 자기 주도적인 학습 습관을 기르는 데 도움이 됩니다.

집에서는 별도의 비용이 들지 않고, 독서실이나 스터디카페처럼 이동 시간을 낭비하지 않아도 됩니다. 화장실도 가까워서 편리하고, 누군가의 눈치를 볼 필요 없이 소리 내어 암기하거나 편안하게 공부 할 수 있다는 것이 가장 큰 장점이죠. 그리고 집에서 공부를 열심히 하면 기분 좋은 보상도 있을 수 있습니다. 아버지는 칭찬과 함께 용돈을 주실 수도 있고, 어머니는 맛있는 반찬으로 격려해 주시기도 합니다. 가정마다 조금은 다르겠지만, 칭찬과 격려만으로도 충분히 큰 동기 부여가 될 수 있다는 사실을 잘 알고 있을 거예요.

이처럼 집에서 공부하는 데에는 여러 장점이 있지만, 많은 학생들이 공부가 잘되지 않는다고 느낄까요? 그 이유는 바로 '집'이라는 공간의 안락한 환경과 집중을 방해하는 유혹들 때문입니다. 이 유혹을 이겨 내고 명확한 목표를 세워 자기 주도적으로 학습할 수 있다면, 집에서의 공부는 효과적일 수 있습니다.

① 가장 먼저, 부모님의 노력이 필요해요

아이들이 공부하는 동안, 부모님은 TV를 시청하거나 스마트폰을 보고, 혹은 잠을 잔다면 학생 입장에서는 억울함이나 짜증을 느낄 수 있습니다.

'왜 나만 공부해야 해?'
'엄마, 아빠는 쉬고 있는데 왜 나만?'

이런 생각이 들면 당연히 공부에 집중하기 어려워집니다. 따라서 아이가 공부하는 시간만큼은 부모님도 책이나 신문을 읽거나, 자기계발을 위한 활동을 하는 모습을 보여 주는 것이 좋습니다. 특별히 할 일이 없다면 독서하는 척이라도 하며 아이가 공부에 몰입할 수 있도록 도와주세요. 그리고 공부를 마친 후에는 칭찬과 함께 가족 간의 즐거운 시간을 보내는 것도 큰 동기 부여가 됩니다.

② 스마트 기기는 공부하는 공간에서 치우는 것이 좋아요

스마트폰, 태블릿, PC는 공부를 방해하는 가장 큰 요소 중 하나입니다. '메시지 하나만 확인하고', 'SNS 잠깐만 보고' 하는 생각이 반복되면, 결국 깊은 유혹의 수렁에 빠지게 됩니다. 이런 상황이 지속되면 공부 중에 스마트폰을 사용하는 것이 당연해지고, 심하면 스마트폰이 주변에 없으면 불안해지는 현상까지 나타날 수 있습니다. 따라서 스마트 기기를 멀리 치우거나 전원을 꺼두는 것이 가

장 좋습니다. 인터넷 강의를 들어야 할 경우에는, 공부방보다는 가족이 함께 있는 거실처럼 개방된 공간에서 수강하는 것이 바람직합니다. 또한 공부 중 궁금한 내용이 생겼다고 해서 바로 스마트 기기를 사용하지 말고, 잠깐 메모해 두었다가 일정 시간이 지난 뒤 한꺼번에 해결하는 것이 집중력 향상에 더 효과적입니다. 공부하기 위해 스마트폰을 잠시 꺼 둔다고 해서 친구가 화를 내거나 절교하지는 않습니다. 오히려 공부 중이었다고 말해 주면 친구도 이해해 줄 것이며, 연락이 늦더라도 '공부하고 있겠구나.'라고 생각할 거예요. 진짜 친구라면 말이죠.

③ 일정한 시간에 공부하는 습관을 들이세요

자신만의 시간 계획에 따라 일정한 시간에 공부를 시작하고 끝내는 습관을 만들어 보세요. 예측 가능한 공부 시간을 유지하면 자연스럽게 공부 습관이 형성됩니다. 또한 가족들 역시 그 시간만큼은 조용히 배려해 주면 가정 내 갈등도 줄어듭니다. 예를 들어, 현재 시간 오후 6시 50분, 가족 간에 이런 대화가 오갈 수 있습니다.

"너는 언제 공부할 거니?"
"알아서 할게요."
"그래서 그게 언제냐고?"
"아이 참, 7시부터 하려고 했는데, 왜 그러세요~!"

이런 상황에서 감정이 상한 채 책상에 앉는다면 공부가 잘 될까요? 공부 시간을 정하지 않으면 자꾸 미루게 되고, 결국 포기하게 될 수도 있습니다. 반면, 시간을 미리 정해두면 처음에는 힘들더라도 점차 습관이 되고 공부가 생활화됩니다. 또한 아이의 공부 시간을 부모님과 공유했다면, TV를 시청하던 아버지도 책을 읽고, 스마트폰을 보던 어머니도 조용히 집안일을 하게 됩니다.

자신만의 공부 습관, 그리고 가족의 협조가 함께할 때, 집에서의 공부가 더욱 잘 될 수 있습니다.

2 공부 환경, 공부방은 이렇게!

공부에 대한 의지가 강하더라도, 주변 환경이 산만하면 집중하기 어렵겠죠? 예를 들어, 동생이 시끄러운 음악을 틀거나 가족들이 거실에서 TV를 시청하는 상황에서는 아무리 마음을 다잡아도 몰입할 수 없습니다. 이러한 환경에서는 학습 동기와 자기 주도 학습 능력이 뛰어난 학생이 아니라면 집중하기 어렵습니다. 따라서 공부에 적합한 환경을 조성하는 것이 매우 중요합니다.

❶ 거실에서 공부해 보세요

공부 습관이 아직 자리 잡혀 있지 않거나, 답답한 공부방이 싫은 학생이라면 거실에서 공부를 시작해 보세요. TV를 옮기고 거실에 책상을 배치하거나, 여의치 않다면 식탁에서 공부를 시작하는 것도 좋은 방법입니다. 부모님은 주방이나 거실에서 집안일을 하시면서 아이의 공부 상태를 바로 확인할 수 있고, 아이는 이해되지 않는 부분을 즉시 질문하거나 함께 문제를 해결할 수 있습니다.

이러한 환경은 학습 습관 형성과 가족 간 유대감을 강화하는 데 도움이 됩니다. 또한 부모님의 존재감으로 인해 졸거나 딴짓하는 횟수가 확실히 줄어들 것입니다. 답답한 공부방보다 가족과 함께하는 공간에서 공부하는 것이 오히려 학습 의욕을 높일 수 있고, 약간의 백색 소음은 집중력을 향상시킬 수 있습니다.

❷ 공부방 책상의 위치는?

책상을 배치할 때, 방문을 등지는 방향은 피하는 것이 좋습니다. 문을 등지고 앉으면 뒤에서 부모님이 지켜보는 듯한 불안감으로 인해 자주 뒤를 돌아보게 되고, 집중력이 떨어질 수 있습니다. 또한 문과 책상이 정면으로 마주하는 자리도 피하는

것이 좋습니다. 이러한 배치는 문 앞의 상황을 바로 알 수 있기 때문에 딴짓을 하면서 공부하는 척 잔머리를 쓸 수 있기 때문이죠.

그렇다면 이상적인 책상 위치는, 문을 열었을 때 책상에 앉아 있는 옆모습이 보이는 곳입니다. 또한 공부할 때 문을 완전히 닫기보다는 5~10cm 정도 열어 두는 것이 좋습니다. 작은 개방감이 딴짓을 하고 싶은 마음을 줄이고, 집중력을 유지하며 오랜 시간 공부할 수 있습니다.

❸ 책상 주변의 환경을 정돈하세요

책상 주변에는 공부에 필요하지 않는 물건들을 다른 공간으로 옮겨 정리해 주세요. 특히 게임기, 카드, 장남감 등 공부에 방해가 될 수 있으므로 공부방에서 치우는 것이 좋습니다. 공부에 필요한 교과서와 참고서 같은 학습 자료만 책꽂이에 비치하고, 소설책이나 만화책, 잡지 등은 다른 곳에 보관하세요. 작은 장난감 하나가 공부의 집중력을 깨뜨리고, 공부에 대한 열정을 희석시킬 수 있습니다. 또한 필기도구를 여유 있게 준비해 두세요. 공부 중에 지우개나 샤프심을 찾으러 다니는 것도 집중력을 흐트러뜨릴 수 있습니다.

④ 클래식 음악을 활용해 보세요

주변이 시끄러울 때는 클래식 음악을 들으면서 공부해 보세요. 클래식 음악은 감정을 안정시키고 집중력을 높여 주는 효과가 있습니다. 특히 '모차르트 효과'라고 들어보셨나요? 고전 음악이나 바로크 음악은 뇌를 활성화시켜 집중력을 높여 주는 효과가 있습니다. 단, 가사가 있는 노래는 피하는 것이 좋습니다. 그 이유는 가사가 있는 음악은 학습 내용보다는 노래 가사의 의미를 처리하는 데 뇌의 자원을 소모하게 되어, 공부 내용을 이해하고 암기하는 데 방해가 될 수 있기 때문이죠. 따라서 공부할 때는 가사가 없는 클래식 음악을 듣는 것이 현명한 방법입니다.

⑤ 침대의 위치는 어디에?

공부방이나 서재를 따로 만들 수 없는 경우, 침대의 유혹을 최소화할 수 있는 곳에 책상을 두는 것을 추천합니다.

책상에 앉았을 때 침대가 시야에 들어오지 않도록 배치해 보세요. 침대가 보이면 자꾸 눕고 싶은 생각이 들 수 있고, 결국에는 유혹을 이기지 못하고 잠깐 눕는다는 것이 다음 날 아침이 되어 있을 가능성이 높습니다.

안락함과 편안함은 집에서 공부할 때 최대의 방해 요소가 될 수 있습니다. 따라서 침대의 위치를 조정하여 공부하는 동안에는 시야에 들어오지 않도록 하세요.

가장 좋은 공부 환경은 학생만이 아니라 가족 구성원 모두가 협조하는 것입니다. 공부해야 할 시간이 되면 가족 모두가 조용한 분위기를 조성해 주는 것이 좋습니다. 공부를 마친 후에는, 오늘의 나를 돌아보며 어제보다 나아진 모습을 찾아 칭찬하거나, 플래너에 기록해 보세요. 이러한 습관이 쌓이면 내일의 모습을 더욱 발전시킬 수 있을 거예요.

나는 어제보다
뭐가 나아졌을까?

3 스터디카페에 가야 할까요?

공부할 마음이 있는 학생이라면, 지금의 교육 환경은 훌륭하다고 생각합니다. 일타 강사의 강의를 집에서도 편하게 들을 수 있고, 공부하기 좋은 장소도 많기 때문입니다.

최근에는 동네마다 스터디카페가 우후죽순 생겨나고 있습니다. 시설도 쾌적하고 간단한 간식도 제공되며 열심히 공부하는 사람들의 모습을 보며 학습 동기를 높일 수 있는 분위기까지 갖추고 있습니다. 잘 활용하면 유익한 공간이 될 수 있죠. 하지만 평소에는 공부하지 않다가 시험 기간에만 스터디카페를 찾는 학생도 많습니다. 부모님들은 집에서는 집중을 하지 못하니, 스터디카페라도 가면 공부할 것이라는 기대를 갖고 보내는 경우가 많죠. 그리고 집에 돌아오면 "수고했어. 정말 잘했다!"며 칭찬하고 맛있는 음식도 챙겨주시곤 합니다. 그러나 부모님의 기대와 달리, 밖에서의 모습은 다를 수도 있다는 점도 알아야 합니다. 학습 동기가 분명하고, 목표와 계획이 뚜렷하며 더 나은 환경에서 집중하고자 하는 학생이라면, 스터디카페는 좋은 선택이 될 수 있습니다.

판대로 공부할 준비가 되어 있지 않은 상태에서 스터디카페를 이용할 경우, 오히려 시간 낭비와 나쁜 공부 습관을 만들 수 있으며, 심지어 늦은 저녁 무리 지어 움직이는 학생들의 특성상 안전 문제까지 발생할 수 있습니다.

그렇다면 어떤 학생이 스터디카페를 이용해도 괜찮을까요?

다음 다섯 가지 항목에 해당하는 학생이라면 스터디카페를 이용해도 괜찮습니다. 그렇지 않다면, 처음에는 부모님과 함께 스터디카페를 방문하여 올바른 공공장소 이용 수칙을 익히고, 혼자서도 집중해 공부할 수 있는지를 먼저 경험해 본 후 이용하는 것이 좋습니다.

스터디카페를 잘 활용할 수 있는 학생은?

1) 학습 동기가 높은 학생
2) 공부에 대한 의지와 목표가 뚜렷한 학생
3) 구체적인 공부 계획이 있는 학생
4) 자신만의 공부 방법을 알고 있는 학생
5) 집에서 공부에 집중하기 어려운 환경에 있는 학생

반대로 학습 동기가 낮고 공부할 준비가 덜 된 상태에서 스터디카페를 이용하면 어떤 문제점들이 있을까요?

스터디카페, 준비되지 않은 상태에서 가면 생길 수 있는 문제점들

1) 보여 주기식 공부를 하게 된다.
  ➡ 공부는 제대로 하지 않고 폼만 잡거나, 문제를 대충 풀고 채점도 하지 않는 등 진짜 공부는 안 하는 경우가 많습니다.
2) 부모님의 눈을 피하기 위한 장소로 이용된다.
  ➡ 집에서도 공부를 하지 않는 학생이 스터디카페에서는 과연 열심히 공부할까요?
3) 이성 간의 만남 장소로 변질된다.
  ➡ 일부 스터디카페 운영자들은 CCTV 영상을 통해 민망한 장면이 포착된다고 합니다.
4) 스터디카페 주변의 위험 요소에 노출된다.
  ➡ 늦은 시간 술을 마시거나 흡연을 하는 성인, 혹은 학교 선후배 간의 갈등 등으로 주변에서 위험한 일이 발생할 수 있습니다.
5) 이용 시간은 길지만 실제 공부량은 적다.
  ➡ 공부보다 스마트폰, 간식, 수다에 더 많은 시간을 소비하는 경우도 많습니다.

부모님 세대는 밥상에서 밥을 먹었고, 그 밥상 위에서 저려오는 다리를 주무르며 공부했습니다. 지금 학생들은 마음만 먹으면 훨씬 좋은 환경에서 공부할 수 있는 시대에 살고 있습니다. 스터디카페를 이용하지 말라는 뜻은 아닙니다. 다만, 공부할 준비가 되어 있고, 남에게 피해를 주지 않으면서 자신의 학습에 집중할 수 있는 상쾌여야 스터디카페가 공부하기 좋은 장소가 됩니다.

여러분 스스로를 돌아보며, 스터디카페에서 공부하는 것이 더 좋은지, 아니면 집에서 공부하는 것이 더 효율적인지 현명하게 판단해 보시기 바랍니다.

3

오늘 공부의
설계도를 만들어 봐!

누구에게나 하루 24시간은 똑같이 주어집니다. 하지만 그 시간을 어떻게 활용하느냐에 따라 결과는 달라집니다. 공부를 잘하고 싶다면, 오늘 하루 주어진 시간을 꿈과 목표를 위해 활용하는 시간의 주인이 되어야 합니다.

1 나의 학습 능력을 알아보자

> 학교 수업을 열심히 듣고, 쉬는 시간과 자습 시간에 간단한 복습까지 마친 뒤 수업 자료들을 모두 챙겨 행복한 마음으로 집으로 돌아왔습니다. 이제부터 진짜 자기만의 공부, 즉 자기 주도 학습의 시간이 시작됩니다.

중학생을 예로 들어 볼까요? 오후 5시쯤 집에 도착해 밤 12시에 잠든다고 가정하면, 무려 7시간의 공부 시간이 주어진 셈입니다. 이 시간을 어떻게 보내느냐에 따라 성적이 결정된다고 해도 과언이 아닙니다. 하교 후부터 잠들기 전까지의 시간을 알차게 보내기 위해 '공부 계획'을 세우라는 이야기는 많이 들어보았을 것입니다. 그리고 한두 번쯤은 직접 공부 계획을 세워 본 경험도 있을 겁니다. 하지만 계획을 세운지 며칠도 지나지 않아 중단했던 적도 있지 않나요?

왜 계획이 오래가지 못했을까요? 가장 큰 이유는 공부가 하기 싫으니 계획을 세울 필요도 느끼지 못했기 때문일 수 있습니다.

그러나 공부에 대한 생각과 열정이 남아 있는데도 플래너 작성을 중단한 경우라면 그 이유는 조금 다릅니다. 아마도 어떻게 플래너를 작성해야 할지 몰라서, 혹은 계획대로 잘 지켜지지 않아 점점 짜증과 좌절을 느껴서 그만두었을 가능성이 큽니다. 그래서 "어차피 안 지킬 거면 뭐하러 써." 혹은 "플래너 쓰는 것도 귀찮아."라는 마음으로 플래너 작성을 멈추게 되었을 것입니다.

계획대로 실천이 잘 안 되는 이유는 자신의 공부 가능 시간과 학습 능력을 정확히 모르고 계획을 세웠기 때문입니다. 능력을 고려하지 않고 막연하게 세운 계획은 실천이 어려우며, 계획한 대로 지켜지지 않는 날이 반복되면 기분이 좋지 않고, 계획 자체에 대한 신뢰를 잃게 됩니다.

예를 들어 볼까요?

소율이는 수학 문제 50개를 1시간 안에 풀기로 계획했습니다. 하지만 실제로는 1시간 30분이 걸렸습니다. 또한 영어 단어 50개를 30분 안에 외우려고 했지만 1시간 이상이 걸렸습니다. 그 결과, 계획은 밀리게 되고, 학원에 가야 하는 시간 때문에 남은 공부는 포기하거나 마무리를 못 하게 됩니다. 결국 오늘 세운 공부 계획은 제대로 실천하지 못한 채 하루를 마감하게 되는 것이죠. 이런 일이 반복되면 계획을 세우는 것 자체를 포기하게 됩니다.

우선 자신의 공부 가능 시간과 학습 능력을 알아보는 것이 중요합니다. 이 과정을 약 2주간 실천해 보면, 이후 공부 계획을 세우는 것도 훨씬 수월하고, 실천할 가능성도 높아져 성취감까지 느낄 수 있습니다. 그럼 자신의 학습 능력을 어떻게 알아볼 수 있을까요? 방법은 매우 간단합니다.

스터디 플래너가 있다면 그것을 사용하고, 없다면 집에 있는 작은 수첩을 활용해도 좋습니다.

1. 수첩 상단에 날짜와 요일을 적습니다.
   예: 11월 14일 목요일
2. 공부 계획을 먼저 작성하는 것이 아니라 실제로 공부한 내용을 구체적으로 기록하고, 각각의 공부 시간을 체크하는 방식으로 작성합니다.
3. 각 공부 시간도 함께 적고, 마지막에는 모두 합산하여 총 공부 시간을 아래에 크게 표시합니다. 간단하죠?

이렇게 2주 동안 기록해 보면, 자신의 공부 시간대를 파악할 수 있고, 어느 정도의 시간에 얼마만큼 공부를 할 수 있는지 알 수 있습니다. 수학 비례식 문제 60개를 푸는 데 1시간 20분이 걸렸다면, 40개는 약 1시간이 걸릴 것으로 예상할 수 있습니다. 또한 영어 단어 50개를 외우는 데 30분이 걸렸다면, 60개를 외우는 계획은 40분 정도로 세울 수 있겠죠.

이처럼 자신의 학습 처리 능력을 알고 계획을 세우게 되면 실천 가능성이 높아지고, 자연스럽게 집중력과 성취감도 함께 올라갑니다. 또한 매일 총 공부 시간을 기록하면서 '어제는 3시간 30분, 오늘은 4시간 50분'처럼 비교하면, 스스로를 돌아보고 발전의 기회를 가질 수 있습니다. 여기에 하나 더, 이렇게 공부한 내용을 구체적으로 기록하다 보면, 어느새 계획형 스터디 플래너 작성 방법과 매우 유사한 형태로 정리하게 됩니다. 실제로 공부한 내용을 적은 플래너는, 계획을 미리 세운 플래너와 구분이 어려울 정도입니다. 결국 기록의 시점만 바꾸면 자연스럽게 계획형 플래너로 전환할 수 있게 됩니다.

스터디 플래너 작성이 어렵거나 아직 익숙하지 않은 학생이라면, 먼저 공부한 내용을 구체적으로 기록해 보며 자신의 학습 능력을 파악해 보세요. 그 과정을 통해 점차 계획을 세우는 연습으로 이어갈 수 있고, 나중에는 거부감 없이 자연스럽게 플래너를 작성할 수 있는 힘도 생기게 됩니다.

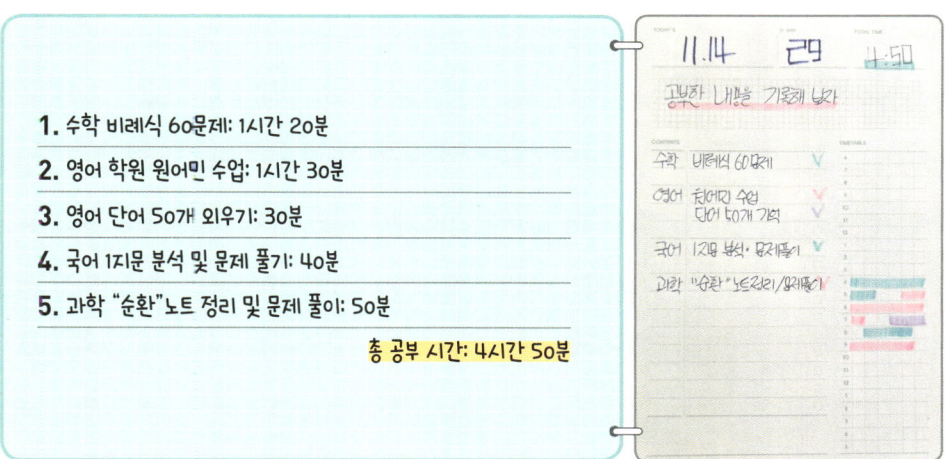

2 시간을 지배해 보자

자신의 능력과 주어진 시간을 파악한 뒤 계획을 세우면, 그 계획을 실천하기 쉬워지고 성취감도 높아져 즐겁게 공부를 이어 갈 수 있습니다. 공부에서 시간 관리는 중요한 요소라는 사실을 잘 알고 있죠? 얼마나 많은 시간이 주어졌는지, 그 시간을 어떻게 보내느냐에 따라 학습 과정과 결과가 크게 달라지기 때문입니다.

앞서 소개한 것처럼, 스터디 플래너나 수첩에 공부한 내용을 구체적으로 기록해 보는 과정을 거치는 데에는 세 가지 중요한 목적이 있습니다.

첫째, 자신의 학습 능력을 파악하는 것.

둘째, 하루 중 실제로 공부에 사용할 수 있는 시간이 얼마나 되는지 확인하는 것.

셋째, 스터디 플래너를 자연스럽게 작성하는 데 익숙해지는 것.

많은 학생들의 스터디 플래너를 살펴보면, 계획과 실행 여부만 간단히 기록되어 있는 경우가 많습니다. 물론 매일 실천하며 자기 점검을 하고 있다면, 그것만으로도 훌륭합니다.

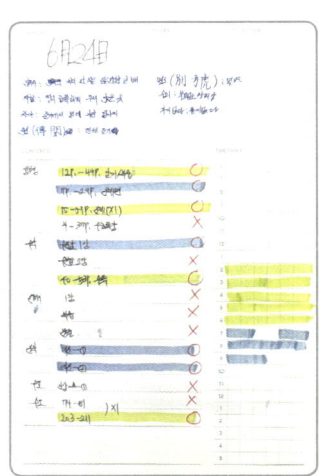

이제부터는 구체적인 스터디 플래너 작성 방법에 대해서 알아볼까요? 이미 실천하고 있는 학생이라면, '내가 스터디 플래너를 잘 쓰고 있었구나.'라는 자기 확신을 갖고 자신감을 가졌으면 좋겠습니다. 작성 방법을 잘 몰랐던 학생이라면, 이번 기회를 통해 계획대로 실천할 수 있는 습관을 만들어 보길 바랍니다.

① 공부가 가능한 시간을 파악해 보세요

하루 중 공부할 수 있는 시간은 오전 자습 시간, 쉬는 시간, 점심시간, 하교 후 저녁시간 등입니다. 그러나 가족 모임이나 친구와의 약속 등 변수도 생길 수 있기 때문에, 공부할 수 있는 시간을 미리 파악하고 계획하는 것이 좋습니다.

② 정해진 일정부터 계획하세요

학원이나 과외 등은 일정이 고정되어 있어 변경하기 어려운 시간입니다. 공부할 것이 많다고 해서 학원과 과외 수업 시간을 생략할 수 없으므로, 고정 일정을 기준으로 나머지 계획을 조정해야 합니다.

③ 공부의 우선순위를 정해 보세요

내일이 국어 수행평가 제출일이라면, 가장 먼저 스터디 플래너에 국어 수행평가를 작성해야 합니다. 또한 주요 과목부터 계획하는 것이 좋습니다. 예를 들어, 국어, 수학, 역사 중 세 과목을 모두 공부해야 하지만 절대적인 시간이 부족하다면, 국어와 수학을 우선 공부하고 역사는 다음 날이나 주말에 공부 계획을 세우는 것이 효과적입니다. 이는 역사가 중요하지 않아서가 아니라, 시간적 여유가 없기 때문에 잠시 보류하는 것입니다.

반복 학습보다는 처음 복습하는 과목을 우선적으로 계획하는 것이 좋고, 자신이 좋아하거나 잘하는 과목만 반복해서 공부하는 습관은 피하는 것이 좋습니다. 오히려 부족한 과목을 먼저 계획하는 것이 학습 효율을 높이는 데 효과적입니다.

④ 계획은 구체적으로 세우세요

구체적이지 않은 계획은 실행이 어렵고, 의욕도 떨어집니다. 국어 자습서 풀기, 사회 문제 풀기, 역사 암기와 같은 계획은 모호합니다. 실제로 책장을 넘기며 전체적인 내용을 보면서 구체적으로 작성해야 합니다.

예시

국어 1-1 허생전 지문 분석 및 정리
    평가 문제집 7쪽~11쪽 풀이 및 오답 정리
과학 1-1 물질 변화, 노트 정리, 학습지 암기
    평가 문제집 9쪽~12쪽 풀이 및 오답 정리
수학   제곱근 문제 풀이 43문항 및 오답노트 정리
영어   단어 기억 '워드 마스터' 10회, 11회 암기

이렇게 세부 항목으로 나누어 작성해야 실천할 가능성이 높아지고, 공부 범위와 예상 소요 시간도 스스로 파악할 수 있습니다.

⑤ 휴식과 보상 시간을 함께 계획하세요

공부 계획 사이사이에 10분 정도의 짧은 휴식 시간을 넣어 계획해 주세요. 화장실을 다녀오거나 스트레칭을 하고, 간단한 간식을 먹는 등 다음 공부에 더 집중할 수 있도록 몸과 마음을 이완시키는 시간이 필요합니다.

보상 시간은 하루의 공부를 마친 후, 스스로에게 주는 휴식 시간입니다. 예를 들어, 저녁 11시 30분까지 공부하고, 11시 30분부터 12시 30분까지 자유 시간을 보상 시간으로 정했다면, 그 시간에 쉬기 위해 더욱 집중해서 공부하게 될 것입니다. 만약에 계획한 시간에 공부를 마치지 못하면 보상 시간도 줄어들겠죠? 보상 시간은 공부를 잘 마무리하기 위해서, 더 집중하기 위한 '당근'과 같은 역할을 해 줍니다.

매일 쉬는 시간 없이 공부만 가득한 계획을 세우면 지치기 쉬우므로, 적절한 보상 시간을 계획에 포함시켜야 합니다. 그래야 목표를 달성한 기쁨과 휴식의 즐거움을 함께 느낄 수 있죠.

이처럼 스터디 플래너를 잘 활용하면 시간 관리 능력이 향상되고, 공부에 대한 자신감도 높아질 거예요. 스터디 플래너를 작성하는 데 필요한 시간은 단 10분이면 충분합니다. 이 10분의 투자로 오늘 하루의 공부 성과가 크게 달라질 수 있다는 사실을 꼭 기억하길 바랍니다.

3 단기 목표가 있는 스터디 플래너

이번에는 단순히 공부할 내용을 적는 스터디 플래너가 아닌, '언제 공부할 것인지', '언제까지 공부를 마칠 것인지'에 대한 단기 목표까지 포함한 플래너 작성 방법을 알아보겠습니다.

보통 스터디 플래너는 그날 공부할 내용을 계획하고 정리하는 것이라고 생각할 수 있습니다. 하지만 단기 목표까지 포함하여 계획을 세우면 하루의 학습이 확연히 달라집니다. 단기 목표를 설정하는 것은 간단하지만, 그 효과는 매우 큽니다. 집중력과 공부 속도, 학습의 질을 모두 높일 수 있기 때문입니다. 다음 두 문장을 비교해 볼까요?

1) 수학 문제 20개 풀기
2) 수학 문제 20개 30분 안에 풀기

아주 단순한 차이지만, 어느 쪽이 더 집중력 있고 효율적인 학습이 가능할까요? 바로 두 번째 문장입니다.

'언제부터 언제까지'라는 단기 목표가 주어지면 우리는 더 집중하고, 정해진 시간 안에 목표 달성을 위해 노력하게 됩니다. 스터디 플래너에 공부 계획을 세워도, 이를 지키지 못했던 경험은 누구에게나 있을 거예요. 이럴 때 우리는 점점 플래너의 의미를 잊게 됩니다. 그렇다고 해서 계획한 공부를 끝내기 전까지 잠을 자지 않겠다는 생각은 바람직하지 않습니다. 수면이 부족하면 다음 날 수업 집중력이 떨어지고, 피로로 인해 학습량도 줄어들게 되죠. 공부는 단기간에 끝나는 경주가 아니라 매일 이어가는 마라톤입니다. 무리하지 않고, 구체적인 계획과 단기 목표를 함께 설정해야 시행착오를 줄일 수 있습니다.

가장 효과적인 학습 계획은 무엇을, 언제, 얼마 동안에 마칠 것인지를 포함한 것입니다. 따라서 스터디 플래너를 작성할 때는 공부할 내용, 시작 시간, 종료 시간, 즉 단기 목표까지 함께 작성하는 것이 중요합니다. 이제 단기 목표가 포함된 스터디 플래너를 어떻게 작성하는지 단계별로 알아볼게요.

스터디 플래너 작성 방법

- **플래너 작성 시간 정하기**
  - ➔ 자신에게 가장 잘 맞는 시간대를 선택해 작성하세요.
    - 하루 전날 저녁   - 아침 등교 후   - 하교 후
- **타임 테이블 적극 활용하기**
- **준비물**
  - ➔ 스터디 플래너, 삼색 볼펜, 형광펜 2가지 색상을 준비하세요. 항목별로 색을 다르게 표시하면 한눈에 보기 쉽고, 계획을 세우는 재미도 생깁니다.

예를 들어 볼까요?

우선 영어 〈Word Master〉 10과와 11과의 단어를 외우는 숙제가 있습니다. 이 계획부터 먼저 세워 보겠습니다.

먼저 과목란에 검은색 펜으로 '영어'라 쓰고, 내용란에는 Word Master 10과, 11과'라고 적습니다. 다음 단계가 중요합니다. 이 숙제를 열심히 하면 어느 정도 시간이 걸릴지를 미리 예상해 보아야 합니다. 제 생각에는 20분 정도면 충분합니다. 그리고 이 단어들을 언제 외울지 생각해 보니, 등교 후 조회가 시작되기 전에 암기할 수 있을 것 같았습니다. 그럼 타임 테이블에도 과목명을 적을 때와 같은 검은색 펜으로 8시부터 8시 20분까지의 칸에 줄을 그어 영어 단어 암기 시간임을 표시합니다.

이렇게 계획해 두면, 그 시간에 친구가 놀자고 해도 "안 돼, 지금은 단어 외우는 시간이야."라고 말할 수 있게 됩니다.

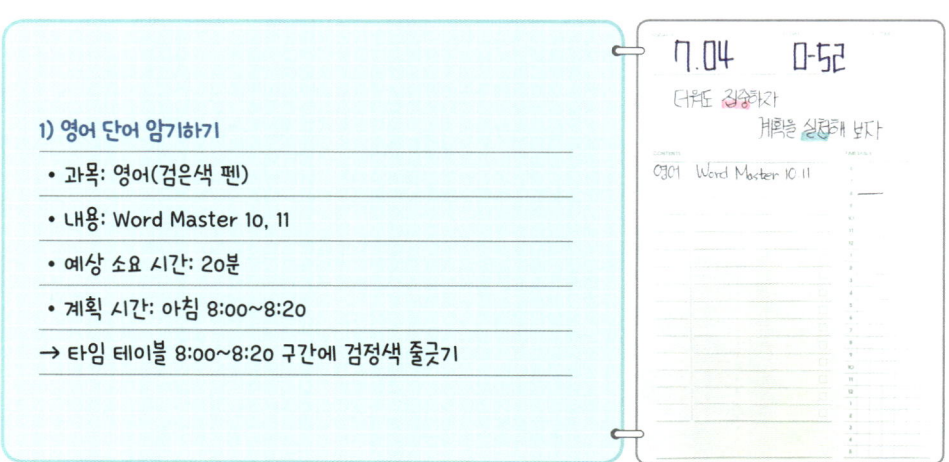

다음은 수학 함수 단원 숙제 20문제를 계획해 보겠습니다. 먼저 파란색 펜을 들어 플래너의 과목란에는 '수학', 내용란은 '함수 20문제'라고 적습니다. 그리고 언제, 얼마나 걸릴지를 생각해 봅니다.

이 숙제는 30분 정도면 충분히 풀 수 있기 때문에 점심시간을 활용하기로 계획했습니다. 따라서 점심식사 후인 12시 30분부터 1시까지 파란색 펜으로 줄을 그어, 수학 공부 시간임을 표시합니다.

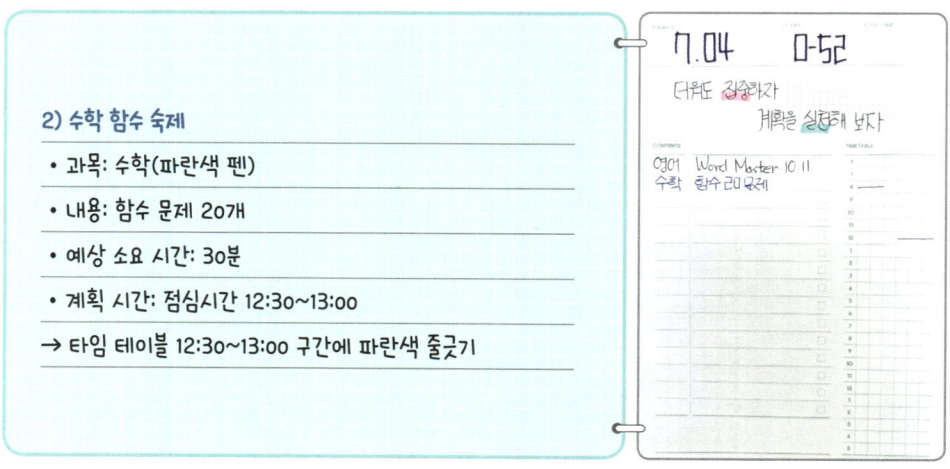

다음으로는 국어 계획을 세워 보겠습니다. 이번에는 빨간색 펜을 사용합니다. 과목란에는 '국어', 내용란에는 '1-1 허생전 지문 분석 및 정리, 평가문제집 7~11쪽 풀이'라고 적습니다. 이제 이 계획을 실천하는 데 필요한 시간과 적절한 시간대를 생각해 봅니다.

대략 1시간 30분이면 충분할 것 같아 하교 후인 오후 6시부터 시작하기로 계획했습니다. 따라서, 우측 타임 테이블에 빨간색 펜으로 6시부터 7시 30분까지 줄을 그어 국어 공부 시간을 표시합니다.

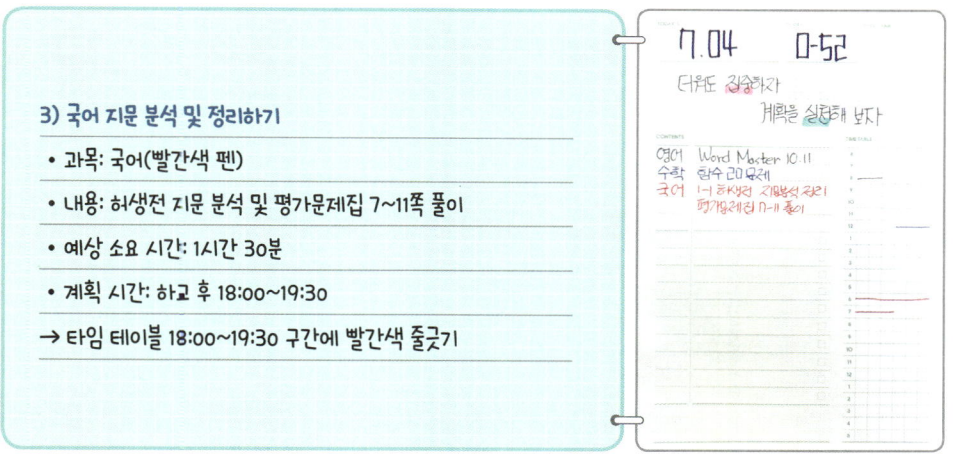

이제 과학 공부 계획을 세워 보겠습니다. 이번에는 다시 검은색 펜을 사용합니다. 과목란에는 '과학', 내용란에는 '1-1 물질 변화 노트 정리 및 학습지 암기, 평가문제집 9~12쪽 풀이'라고 적습니다.

이 공부는 2시간이 필요할 것으로 예상되어, 국어 공부를 마친 뒤 바로 이어서 계획했습니다. 따라서 타임테이블에는 검은색 펜으로 7시 30분부터 9시 30분까지 줄을 그어 과학 공부 시간을 표시합니다.

마지막으로 수학 계획을 다시 세워 봅니다. 이번에도 파란색 펜을 사용합니다. 과목란에는 '수학', 내용란에는 '일차함수와 그래프 43문제 풀이'라고 적습니다.

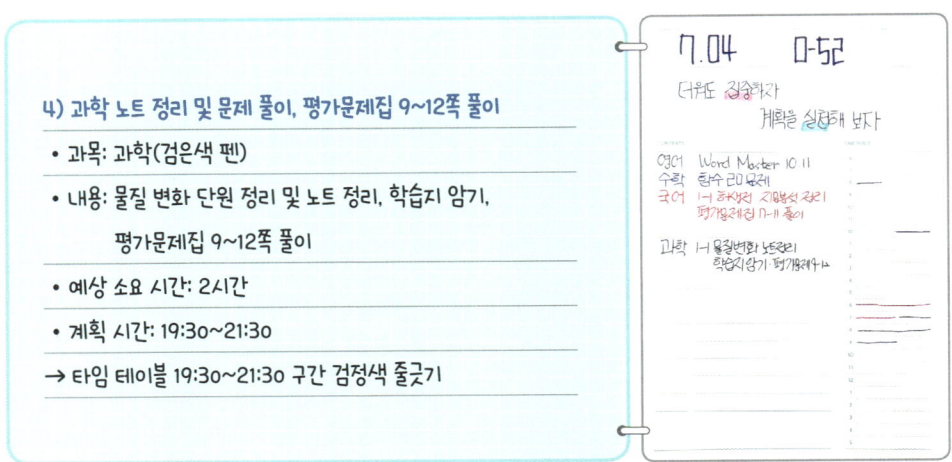

4) 과학 노트 정리 및 문제 풀이, 평가문제집 9~12쪽 풀이

- 과목: 과학(검은색 펜)
- 내용: 물질 변화 단원 정리 및 노트 정리, 학습지 암기,
  평가문제집 9~12쪽 풀이
- 예상 소요 시간: 2시간
- 계획 시간: 19:30~21:30
- → 타임 테이블 19:30~21:30 구간 검정색 줄긋기

이 문제들을 푸는 데 약 1시간 20분이 걸릴 것으로 예상되어, 과학 공부를 마치고 10분 휴식 후에 시작하기로 계획했습니다. 따라서 타임 테이블에는 9시 40분부터 11시까지 줄을 그어 수학 공부 시간을 표시합니다.

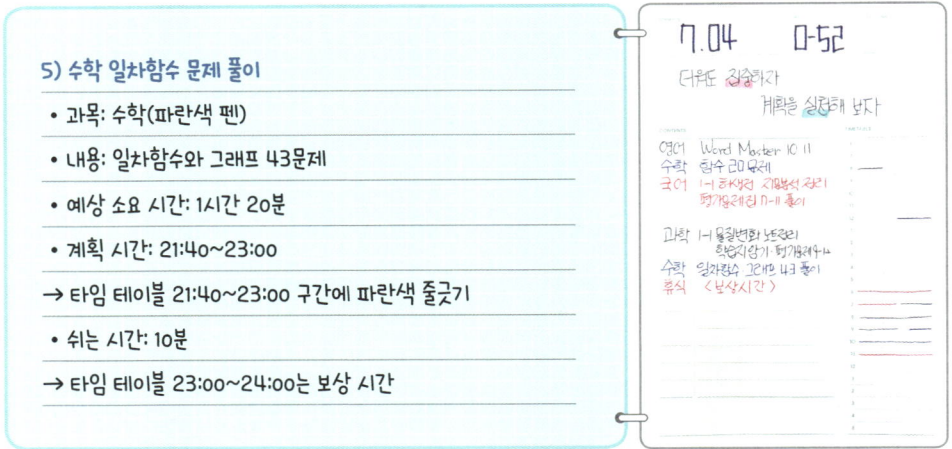

5) 수학 일차함수 문제 풀이

- 과목: 수학(파란색 펜)
- 내용: 일차함수와 그래프 43문제
- 예상 소요 시간: 1시간 20분
- 계획 시간: 21:40~23:00
- → 타임 테이블 21:40~23:00 구간에 파란색 줄긋기
- 쉬는 시간: 10분
- → 타임 테이블 23:00~24:00는 보상 시간

이처럼 학습 내용과 타임 테이블의 색을 통일해 계획을 세우면, 학습 내용에 따른 단기 목표를 더욱 명확하게 확인할 수 있습니다. 색은 꼭 빨강, 파랑, 검정이 아니어도 괜찮습니다. 중요한 것은 계획할 때 사용한 색상과 타임 테이블에 표시하는

색상이 일치하거나 연관되도록 하는 것입니다. 그리고 계획한 공부를 하나씩 마칠 따마다 형광펜으로 타임 테이블에 줄을 그어 표시합니다. 이를 통해 계획보다 빨리 끝났는지, 혹은 시간이 초과되었는지를 쉽게 확인할 수 있으며, 자신의 역량에 따라 이후의 단기 목표를 수정할 수도 있습니다.

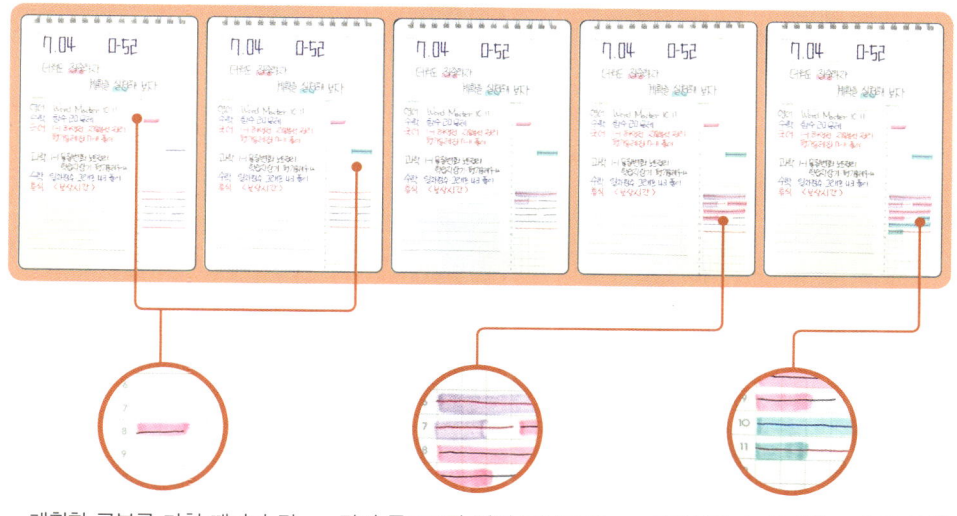

계획한 공부를 마칠 때마다 단기 목표 위에 형광펜으로 표시해 보세요.

단기 목표보다 일찍 공부를 끝냈다면 잠깐의 보상 시간을 즐기는 것도 좋습니다.

목표보다 늦어지면 그만큼 보상 시간이 줄어들게 됩니다. 이렇게 한 번 경험하면 다음에는 더 집중해서 효율적으로 공부하려는 마음가짐을 가질 수 있을 것입니다.

처음에는 계획보다 시간이 더 걸릴 수 있지만, 점차 계획과 실제 소요 시간이 비슷해질 것입니다. 이처럼 단기 목표를 포함한 스터디 플래너를 꾸준히 작성한다면, 자신의 학습 능력을 객관적으로 파악할 수 있을 뿐만 아니라, 집중력도 크게 향상됩니다.

한 가지 더, 스터디 플래너 하단에 있는 '오늘의 평가' 칸을 적극적으로 활용해 보세요. 대부분 비워 두는 경우가 많지만, 이곳에 자신을 평가하거나 오늘 새롭게 배운 내용 등을 간단히 기록하면 좋습니다. 예를 들어, "어제보다 공부량이 많았는

데 잘 해냈다." 또는 "오늘은 집중력이 부족했다. 내일은 더 집중해 보자."처럼 자신을 돌아보며 기록해 보세요. 또한 영어 단어를 따로 단어장에 정리하는 대신, 오늘 새롭게 배운 단어를 '오늘의 평가' 칸에 적고 반복적으로 확인하면 기억에 더 오래 남을 수 있습니다.

가장 좋은 학습 계획은 무엇을, 언제, 얼마 동안 할 것인지가 구체적으로 담겨 있는 계획입니다. 단기 목표를 포함한 스터디 플래너를 최소 일주일만 꾸준히 실천해 보세요. 분명 여러분의 공부 습관과 학습 능력에 큰 변화가 생겼다는 것을 느낄 수 있을 거예요.

1시간의 차이

날마다 같은 학교에서 수업을 듣고 같은 학원을 다니며 함께 축구도 하는 친구가 있습니다. 그런데 지성이는 95점을 받고 80점을 받은 홍민이는 화가 나서 이런 결론을 내렸습니다.

"나는 머리가 나쁜가 봐."
"운이 없어서 내가 모르는 문제만 나왔어."

하지만 정말 그럴까요?

지성이와 홍민이는 초등학교 때부터 둘도 없는 친한 친구입니다. 학교 수업을 열심히 듣고, 수행평가도 성실히 제출하며, 학원 수업과 숙제도 빠짐없이 해내는 모범적인 학생들입니다. 축구 실력도 뛰어나서 둘이 투톱으로 나서면 거의 모든 경기를 이길 정도죠.

그런데 이 두 친구 사이에는 한 가지 차이가 있습니다. 바로 시험 점수입니다. 지성이는 늘 95점, 홍민이는 80점 정도를 받아 평균 15점 차이가 납니다. 이로 인해 홍민이는 시험을 볼 때마다 속상해 합니다. 왜 이런 차이가 생길까요? 혹시 여러분도 비슷한 경험이 있나요?

사실 두 학생은 대부분의 조건이 비슷하지만, 결정적인 차이가 하나 있습니다. 지성이는 학원 수업을 마치고 집에 돌아온 뒤에도 숙제를 마친 후 1시간 정도 학교에서 배운 내용을 복습하거나 반복 학습을 합니다. 반면 홍민이는 숙제를 끝내면 그날의 공부를 마치고 쉽니다. 바로 이 1시간의 차이가 두 학생의 성적을 판가름합니다.

"설마 한 시간 덜 공부했다고 평균이 15점이나 차이 나겠어?"라고 생각할 수도 있습니다. 당장은 그렇게 느껴질 수 있지만, 조금 더 자세히 살펴보겠습니다.

보통 시험은 두 달에 한 번 치러집니다. 예를 들어, 1학기 중간고사는 3월과 4월에 배운 내용을 5월 초에 평가합니다. 하루에 한 시간씩만 추가로 공부해도, 두 달이면 60시간입니다. 60시간은 곧 2일 12시간에 해당하는 시간입니다.

여기서 중요한 사실은 이 60시간이 단순히 숫자가 아니라는 점입니다. 하루 종일 쉬지 않고 공부해야 겨우 2일 12시간이고, 실제로는 하루에 순수하게 공부할 수 있는 시간이 6시간 정도라는 점을 고려하면, 60시간은 약 10일 치 공부량입니다. 다시 말해, 지성이는 같은 두 달 동안 흥민이보다 무려 10일이나 더 공부한 셈입니다. 시험 기간이 모든 친구들은 60일인데 나만 70일이라면, 당연히 더 좋은 결과가 나올 수밖에 없습니다. 제가 이 이야기를 들려드리는 이유는, 단 한 시간이라도 허투루 보내지 말고, 시간 관리를 잘 하자는 것입니다. 하루에 한 시간만 더 투자하면, 두 달 기준으로 10일을 더 공부하는 효과를 낼 수 있습니다. 예를 들어, 쉬는 시간을 활용해서 수학 문제를 하루에 20문제씩 풀면 한 달이면 400문제, 두 달이면 무려 800문제를 풀 수 있습니다. 점심시간을 활용해 국어 지문을 하루에 2개씩 분석하고 정리하면 한 달에 40개, 두 달이면 80개의 지문을 학습하게 됩니다. 이는 책 한 권 분량에 해당합니다.

국어 공부만 보더라도 따로 시간을 내거나 잠을 줄이지 않고도 충분히 효율적으로 학습할 수 있습니다. '티끌 모아 태산'이라는 말처럼, 작은 노력이 모여 큰 차이를 만듭니다. '낙숫물이 댓돌을 뚫는다'는 속담처럼, 꾸준한 실천이 결국 성과를 가져옵니다. 공부를 잘하기 위해 무리하게 새벽까지 잠을 줄여가며 공부하기보다는, 깨어 있는 시간 동안 낭비되는 시간을 어떻게 활용할지를 고민하고 실천하는 것이 훨씬 중요합니다. 이를 위해서는 스터디 플래너를 꼼꼼히 작성하고 실천하는 습관이 필요합니다. 시간 관리를 잘하면, 여러분도 충분히 10일 치를 더 공부할 수 있습니다.

과목별로
공부하는 방법이 달라요

모든 과목을 단순히 이해, 암기, 문제 풀이와 같은 방법으로 공부할 수는 없습니다. 과목의 특성에 따라 공부의 방향을 다르게 설정해야 하며, 이해의 깊이와 사고력, 성취도도 달라집니다. 기본적인 과목별 공부법을 익히고, 자신만의 공부 방법을 만들어 보세요.

1 국어·영어·수학 공부 방법

국어, 영어, 수학은 대부분의 학생이 사교육과 함께 꾸준히 공부하는 핵심 과목이자 높은 성적을 요구합니다. 하지만 사교육에만 의존하기보다는 효율적인 공부 방법으로 스스로 공부하는 습관을 길러 보세요.

1 국어는 이렇게 공부해 보세요

중간고사와 기말고사는 수업 시간에 배운 내용을 바탕으로 성취도를 평가합니다. 따라서 가장 좋은 시험 대비 방법은 학교 수업을 성실히 듣는 것입니다. 아무리 유명한 강사라도 우리 학교 시험 문제를 직접 출제하지는 못합니다. 다만 예측을 할 뿐입니다. 반면 학교 선생님은 매 수업 시간마다 시험을 100% 적중시키는 강의를 합니다. 그래서 수업을 잘 듣는 것이 가장 중요하죠. 시험의 가장 기본 자료는 교과서와 학교에서 제공하는 학습지입니다. 교과서에는 수업 중 필기한 내용도 담겨 있으니, 자습서와 꼼꼼히 비교하며 공부해야 합니다.

글을 읽을 때는 단순히 눈으로만 읽지 말고 질문을 던지며 읽는 것이 좋습니다. 예를 들어, '저자가 이 글을 쓴 이유와 특징, 주제는 무엇일까?'들의 질문을 생각하면서 읽어 보세요. 글의 구조를 서론, 본론, 결론으로 나누어 큰 틀을 이해하고, 세부 내용을 정리하면 훨씬 글을 잘 이해할 수 있습니다. 또한 교과서 하단의 학습 활동 문제는 서술형으로 출제될 가능성이 높으니 정확하게 기억해 두어야 합니다. 이렇게 교과서 중심의 기본 학습을 마친 후 문제집을 풉니다. 문제집은 자습서, 평가문제집, 기출문제 변형 교재 등을 활용하면 좋습니다. 문제를 풀었다면 반드시 채점하고, 틀린 문제는 오답노트를 만들어 약점을 보완하는 시간이 필요합니다. 그래도 이해가 되지 않는 부분이 있다면 반드시 선생님께 질문해 확실하게 이해하고 넘어가야 원하는 점수를 받을 수 있습니다. 무엇보다 개념 공부 없이 문제 풀이만으로 실력을 쌓겠다는 생각은 절대 금물입니다.

❷ 수학은 이렇게 공부해 보세요

수학은 사교육으로 준비하는 경우가 많지만, 모든 것을 사교육에 맡길 수는 없습니다. 수학은 벼락치기가 통하지 않는 과목입니다. 평소에 개념 정리와 유형 학습을 통해 내용을 차근차근 익히는 것이 가장 중요해요. 앞 단원의 개념을 정확히 이해하지 못하면 다음 단원에서 더 큰 어려움에 부딪히기 때문입니다. 따라서 기초 개념부터 하나씩 정리하며 공부해야 합니다.

시험 준비의 기본은 교과서입니다. 시험 전까지 교과서 문제를 반드시 다시 풀어 봐야 하는데, 시간이 부족할 수 있으니 평소에 조금씩 나누어 복습하는 습관을 키우세요. 시중 문제집이나 학원 문제집을 활용할 때는 쉬운 문제부터 시작해 점차 난이도를 높여 가며 풀어야 합니다. 문제를 풀 때는 언제까지 몇 문제를 풀 것인지에 대한 단기 목표를 세워 실전처럼 연습하면 시험 시간 관리에도 도움이 됩니다.

마지막으로 고난이도 문제를 대비하려면 수업 시간에 집중해야 합니다. 선생님께서 수업 중 강조하는 심화 문제는 꼭 표시해 두었다가 복습할 때 다시 풀어 보세요. 이때 선생님이 한 풀이와 자신의 풀이를 비교해 보면서 학습하면 수학에 대한 자신감이 더욱 높아질 것입니다. 또한 내신 시험에서 출제되는 고난이도 문제나 새로운 유형의 문제는 선생님이 나누어 준 학습지에서 많이 출제 된다는 점도 기억해 두세요.

❸ 영어는 이렇게 준비해 보세요

영어 공부의 가장 기본적이면서도 확실한 방법은 교과서를 중심으로 공부하는 것입니다. 영어 공부의 기초는 단어와 문법이라는 사실은 누구도 부정할 수 없습니다. 단어를 모르면 문제를 풀 수 없으니 교과서에 나오는 단어는 반드시 암기해야 합니다. 특히 자주 출제되는 문제 유형에는 지문 속 단어의 의미나, 유의어 · 반의어 관계를 묻는 문제가 포함됩니다. 따라서 단어를 암기할 때는 하나의 뜻만 외우지 말고, 다양한 의미까지 함께 기억하는 것이 좋습니다.

문법은 교과서와 학습지에서 선생님이 강조한 내용이 시험에 출제됩니다. 수업을 충실히 들으며 이해하고, 서술형 문제 대비를 위해 교과서의 문법 내용을 정확히 이해하고 응용하는 연습을 꾸준히 해야 합니다.

마지막으로 모의고사 기출문제를 풀 때는 문제의 주제와 유형을 파악하는 것이 필요합니다. 시간을 정해 문제를 풀고, 풀이 후에는 꼭 오답노트를 작성해 반복해서 학습해야 합니다. 이 과정을 통해 자신의 약점을 파악하고 보완할 수 있습니다.

2 암기 과목은 이렇게 공부해 보세요

국어·영어·수학만 성적이 좋다고 해서 시험을 잘 본 것이라고 할 수 없습니다. 그렇다고 영어와 수학처럼 모든 암기 과목을 사교육에 의존할 수도 없습니다. 영어와 수학은 학원이나 과외의 도움을 받을 수 있지만, 다른 과목들은 충분히 스스로 공부할 수 있습니다. 하지만 암기 과목을 어떻게 공부해야 할지 몰라서 힘들어 하는 학생들이 많습니다. 실제로 통계에 따르면, 10명 중 7명이 이러한 이유로 암기 과목 공부를 소홀히 한다고 합니다.

지금부터 암기 과목을 효율적으로 공부하는 방법을 알려 드릴 테니, 잘 읽고 꼭 활용해 보세요.

① 가장 중요한 것은 학교 수업!

무엇보다 시험 문제를 출제하는 학교 수업을 잘 듣는 것이 가장 중요합니다. 학교 선생님은 내신 시험 문제를 100% 적중시키는 수업을 매일 하고 계십니다. 이미 알고 있는 내용이라고 생각해도 수업을 성실하게 듣는다면, 선생님이 어떤 부분을 중요하게 생각하는지를 파악할 수 있습니다. 수업을 열심히 듣는 학생과 그렇지 않은 학생의 가장 큰 차이점은, 선생님이 중요하게 생각하는 내용을 구별할 수 있느냐에 있습니다. 또한 수업 중 교과서나 학습지 외에 선생님이 추가로 설명해 주는 내용이 있다면 빠르게 메모하거나 필기하는 습관을 키워 보세요. 교과서나 학습지에는 없는 내용이라도, 수업에서 언급되었다면 시험에 출제될 가능성이 높습니다. 선생님이 학생들을 평가하고 변별하기 위해 꼭 강조하는 부분이기 때문입니다.

고득점을 원한다면 반드시 수업 내용을 필기하고 기억해 두어야 합니다. 수업 시간에는 선생님이 무엇을 강조하는지 파악하며 적극적으로 참여해 보세요.

② 빠르게 복습하고 정리하세요

수업을 들은 날에는 반드시 당일 복습을 해야 합니다. 복습의 가장 효과적인 시간은 수업 직후인 쉬는 시간, 점심시간, 자습 시간입니다. 방금 배운 내용일수록 이해도가 가장 높고, 이러한 이해가 완벽한 기억으로 이어집니다. 만약 학교에서 당일 복습이 어렵다면, 집에 가서라도 그날 안에 복습을 마쳐야 합니다. 많은 학생들이 시험 기간이 되면 복습을 미루고, 다른 과목 공부에 집중하는 경우가 많은데, 이는 매우 비효율적인 방법입니다.

며칠이 지난 후에 다시 복습하려고 하면 이미 많은 내용을 잊어버린 상태가 되어, 다시 이해하고 기억하는 데 훨씬 더 많은 시간과 노력이 필요합니다. 결국 학습 효율이 떨어지고 성과도 좋지 않게 됩니다.

자! 복습 방법은 다음과 같습니다.

우선 교과서, 학습지, 필기한 내용을 두세 번 정독합니다. 그리고 수업 중 정리한 필기 내용을 다시 읽고 자신의 기억을 점검합니다. 이어서 해당 진도의 문제를 풀고, 채점과 오답 정리를 통해 학습을 마무리 하세요. 문제를 푸는 목적은 단순히 점수를 매기기 위한 것이 아니라, 오늘 공부한 내용을 반복하고 기억을 점검하며 이해를 확장하는 데 있습니다. 또한 다음 날에도 그날 수업 내용을 복습하세요. 하루씩 미루다 보면 복습이 밀려서 결국 포기하게 될 수 있습니다. 복습을 포기하면 시험도 포기하게 되는 결과로 이어질 수 있으니, 반드시 그날 복습은 그날 마무리 하길 바랍니다.

③ 일정한 주기를 정해 반복 학습하세요

"기억력이 나빠서 공부가 안 돼요."

"머리가 나빠서 공부를 못해요."

이런 말은 모두 핑계일 수 있습니다. 기억력보다 더 중요한 것은 반복 학습입니다. 머리가 좋은 학생이 한 번 보고 끝내는 것보다, 여러 번 반복해 꼼꼼히 보는 학생 성적이 더 좋을 수 있습니다. 반복 학습의 정의는 이미 공부한 내용을 다시 점검하고 기억이 잘된 부분은 확인만 하며, 잊어버렸거나 혼동이 되는 부분은 다시 정확히 기억해 주는 방식입니다. 이 과정은 많은 시간이 필요하지 않지만, 효과는 매우 높습니다.

반복 학습 방법은 간단합니다. 오늘 공부를 시작하기 전에, 전날 배운 내용을 간단히 복습합니다. 그리고 주말에는 한 주 동안 공부한 전체 내용을 다시 반복 학습합니다. 처음에는 시간이 많이 걸릴 것 같지만, 이미 이해하고 기억된 상태이기 때문에 짧은 시간에도 충분히 반복 학습이 가능합니다. 또한 2주가 지난 시점에서 다시 내용을 확인하는 주기적 반복 학습을 하면, 시험 당일까지도 내용을 선명하게 기억할 수 있습니다. 새로운 내용에 대한 공부도 중요하지만, 이미 공부한 내용을 잊지 않도록 관리하는 것이 더 중요하다는 사실을 잊지 마세요.

암기 과목 공부의 핵심은 바로 '누적 반복 학습'입니다.

교과서도
읽는 방법이 있다는데,
알고 있나요?

수능 만점자들도 교과서의 중요성을 말하고, 대부분의 공부법 관련 서적에서도 교과서를 중심으로 공부하라고 강조합니다. 그러나 정작 교과서를 어떻게 활용하고 공부해야 하는지에 대해서는 잘 알려 주지 않습니다.

1 교과서도 읽는 순서가 있어요

> 많은 학생들이 교과서 대신 자습서나 참고서를 통해 공부하는 경우가 많습니다. 핵심 내용이 간략하게 정리되어 있어 보기 편하기 때문이죠. 그러나 보기 편한 만큼 이해가 얕아지고, 기억에도 잘 남지 않는다는 점도 꼭 알아야 합니다. 반면 교과서는 이해하기 쉽고, 기억에도 잘 남는다는 장점이 있습니다.

복습을 잘하기 위해서는 반드시 교과서를 집으로 가지고 와야 하겠죠. 교과서는 공부를 더 쉽고 편하게, 효율적으로 할 수 있도록 설계된 가장 기본적인 학습 도구입니다. 교과서가 중요하다는 사실은 누구나 잘 알고 있지만, 큰 문제가 하나 있습니다. 바로 많은 학생들이 교과서를 '제대로' 읽지 못한다는 점입니다.

왜 이런 일이 생길까요?

아마도 단순히 "동화책 읽듯이 읽으면 되지 않을까?" 하는 생각에서 시작했거나 교과서를 읽는 방법 자체를 모르거나 방법을 배운 적이 없기 때문입니다. 모두가 교과서를 봐야 한다고 말은 하지만, 정작 어떻게 읽어야 하는지 알려 주는 사람은 거의 없습니다. 이상하지 않나요? 이런 모습은 마치 수영이 건강에 좋으니 혼자서 연습해 보면서 방법을 터득하라는 말과 비슷합니다. 제대로 배우지 않으면 자세도 엉망이고 속도도 나지 않으며, 온몸에 힘이 들어가 허우적거리기만 할 뿐입니다. 결국에는 재미없고 수영 자체를 싫어하게 되겠죠. 하지만 수영 강사에게 자세만 배워도 훨씬 편하고 빠르게 나아갈 수 있고, 수영 자체도 재미있어집니다.

공부도 마찬가지입니다. 알고 공부하는 것과 모르고 공부하는 것 사이에는 과정뿐만 아니라 결과에도 큰 차이가 납니다.

지금부터 교과서를 100% 활용하는 방법을 알려 줄 테니, 잘 읽고 앞으로의 공부에 적용해 보세요.

공부에서 교과서의 중요성은 누구나 잘 알고 있습니다. 특히 수능 만점자들의 인터뷰를 보면, 교과서 중심으로 공부했다는 말을 자주 합니다. 학습지, 부교재, 문제집 등도 중요하지만, 공부의 시작이자 중심 그리고 마지막까지 함께해야 할 책은 바로 교과서라는 사실을 명심해야 합니다. 교과서를 제대로 활용하기 위해서는 먼저 생각을 바꾸는 것이 필요합니다. 교과서에는 불필요한 내용이 있을까요? 없습니다.

교과서는 해당 분야의 전문가들이 학생들이 읽고 이해하기 쉽도록 정성껏 만든 책입니다. 즉, 교과서에는 불필요한 정보가 하나도 없습니다. 따라서 교과서에 실린 글자, 사진, 도표, 그림, 지도까지도 모두 꼼꼼히 살펴봐야 합니다. 조금 과감하게 표현하자면, 페이지의 구성까지도 의도를 갖고 만들어졌다고 생각해야 합니다. 또한 교과서는 여러 구역으로 나뉘어 있는데, 이는 학생들이 보다 쉽게 읽고, 이해하고, 기억할 수 있도록 하기 위함입니다. 각 구역을 정해진 순서대로 읽으면 훨씬 더 잘 이해하고 기억할 수 있습니다.

교과서를 읽는 순서

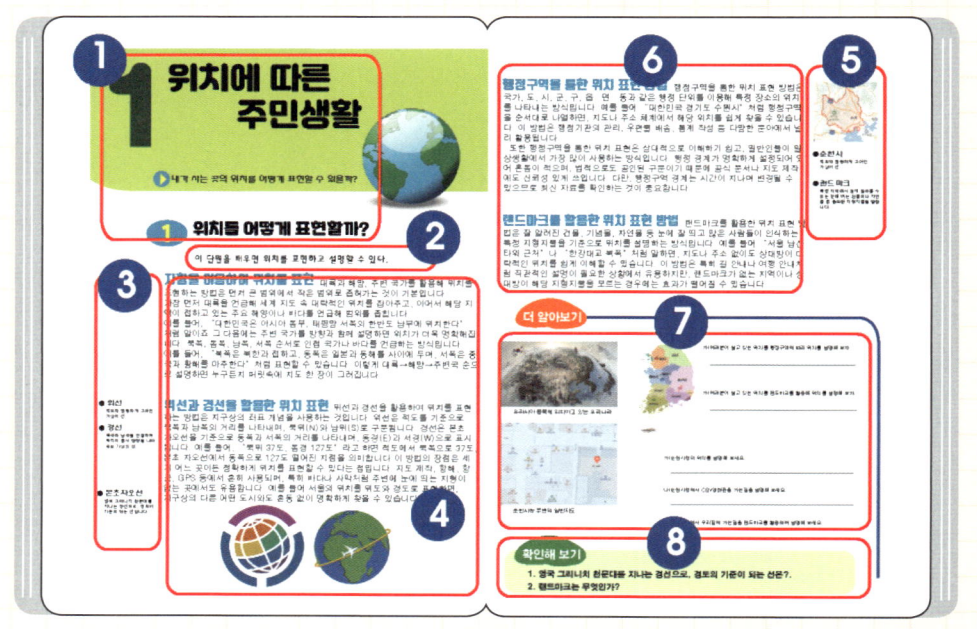

78

① 단원명을 꼭 읽으세요

무엇을 공부하는지, 어떤 내용을 다루는지를 알고 시작하는 것이 매우 중요합니다. 목적지를 모른 채 집을 나설 수는 없듯이, 단원명은 공부의 출발점이자 회상할 때 중심이 되는 중요한 정보입니다. 따라서 단원명을 반드시 읽고, 그 의미를 생각하면서 공부를 시작하세요.

예를 들어, 단원명이 '페르시아 제국의 발전'이라면 이렇게 질문을 던져 볼 수 있습니다.

- 페르시아 제국이 어떻게 발전했을까?
- 페르시아 제국이 왜 발전하게 되었을까?

이처럼 스스로 질문을 던지고 생각하면서 공부를 시작하면 훨씬 더 이해하고 기억하기 쉬울 거예요.

② 학습 목표를 꼭 읽으세요

학습 목표는 이 단원에서 꼭 알아야 하는 내용을 방향성 있게 제시해 줍니다. 다른 내용은 몰라도, 학습 목표에서 제시한 핵심은 반드시 이해하고 기억하려는 태도가 필요합니다. 또한 학습 목표를 의문문 형태로 바꿔 보면 시험에 출제될 가능성이 높은 문제들이 만들어 진다는 것을 알 수 있습니다. 실제로 선생님들도 시험 문제를 출제할 때 학습 목표를 활용하거나 응용하는 경우가 많아 매우 중요합니다.

예를 들어, 중학교 3학년 과학 교과서에 '물리 변화와 화학 변화의 차이를 설명할 수 있다.'는 학습 목표가 있다면, 이런 문제로 출제될 수 있습니다.

- 다음 중 물리 변화에 해당하지 않는 것은 무엇입니까?
- 다음 중 화학 변화에 해당하는 것은 무엇입니까?

이처럼 학습 목표를 문제로 바꾸는 연습을 하면, 스스로 예상 문제를 만들 수 있어 큰 도움이 됩니다.

③ 교과서 양 옆 날개를 꼭 보세요

교과서 날개 부분에는 단어 풀이, 지도, 도표, 사진 등 본문 이해를 돕는 정보가 담겨 있습니다. 이 부분을 먼저 읽은 뒤 본문을 읽으면 훨씬 더 쉽게 이해할 수 있습니다.

예를 들어, 영어 지문을 단어 뜻도 모른 채 읽으면 내용이 잘 이해되지 않을 것입니다. 마찬가지로 지도 속의 나라가 어디에 있는지도 모른 채 그 나라의 위치나 기후를 이해하려고 하면 어려움이 따릅니다. 본문을 읽기 전에 날개 내용을 먼저 살펴보면, 배경지식을 갖춘 상태로 본문에 접근할 수 있어 이해와 기억이 훨씬 쉬워집니다.

④ 가장 중요한 본문을 집중해서 읽으세요

본문을 제대로 이해하려면 먼저 소단원의 제목을 확인하고, 무엇에 대한 이야기인지를 파악한 후 공부를 시작해야 합니다. 그다음 한 문단씩 끊어 읽으면서 문단마다 중심 단어를 찾아 동그라미를 치고, 중요한 단어에 밑줄을 긋는 것이 좋습니다. 밑줄을 그을 때는 문장 전체가 아닌 핵심 단어에만 그어야 나중에 다시 볼 때 효과적이고 노트 정리도 용이합니다. 교과서는 단순히 동화책처럼 읽는 책이 아닙니다. 읽는 순서와 방법을 알고 읽어야 내용이 머릿속에 잘 남고, 이해와 기억이 동시에 이루어집니다.

⑤ 본문 아래의 내용을 꼭 확인하고, 사고를 확장하세요

본문 아래에는 이해를 높이고 사고력을 기르는 데 도움이 되는 다양한 자료가 있습니다. 그림, 지도, 사진을 본문과 함께 살펴보면 내용을 훨씬 쉽게 파악할 수 있고, 시각 자료로 연결되어 오래 기억할 수 있습니다. 또한 '생각 넓히기', '탐구하기', '더 알아보기' 같은 활동을 통해 배운 내용을 사회적 · 자연적 현상과 연계해 생각하고 적용해 볼 수 있습니다. 이 과정에서 자신의 생각을 정리하는 연습을 할 수 있으며, 이러한 사고력 기반 문제들이 실제 시험에서 높은 수준의 문제로 출제되기도 합니다. 결국 적용과 사고의 깊이가 성적의 차이를 만드는 요소가 됩니다.

⑥ 교과서 속 문제를 풀어 보세요

교과서에는 본문 아래 단답형 문제, 중단원 마무리 문제, 대단원 마무리 문제 등 다양한 문제가 수록되어 있습니다. 시험에 출제될 가능성이 높은 것은 시중 문제집보다 교과서 문제입니다. 실제로 교과서 문제가 그대로 출제되거나 약간 변형되어 나오는 경우도 많습니다.

따라서 교과서 문제를 정확하게 풀도록 하며, 특히 서술형 문제는 완벽히 암기해 감점을 방지하는 것이 중요합니다. 이후 더 많은 문제를 풀고 싶다면 시중 문제집을 활용하는 것이 좋습니다.

2 기호로 표시하며 읽어 보세요

교과서는 정확하게 읽고, 잘 기억하는 것이 중요합니다. 이를 위해 교과서를 읽을 때는 중요한 순서에 따라 다양한 기호와 밑줄을 활용하는 것이 효과적입니다. 그러나 많은 학생들이 어떻게 표시해야 할지 몰라 어려움을 겪고 있습니다.

교과서에 밑줄이나 기호를 표시하는 이유는 이해한 내용, 기억해야 할 내용, 핵심 내용을 구분하기 위해서입니다. 교과서는 한 번 읽고 끝내는 책이 아닙니다. 밑줄과 기호로 활용하면 반복 학습을 할 때 내용을 빠르게 파악할 수 있고, 노트 정리도 훨씬 수월해집니다. 또한 눈으로만 읽으면 쉽게 집중이 흐트러질 수 있지만, 펜으로 기호를 표시하거나 밑줄을 그으면 공부에 적극적으로 참여하게 되어 집중력이 향상됩니다. 하지만 많은 학생들의 교과서를 보면, 완전히 깨끗하거나 모든 글자에 밑줄이 그어져 있고, 네모와 동그라미로 가득한 경우가 많습니다.

"이건 왜 네모를 친 거야?"
"그냥요."
"이건 왜 동그라미를 한 거야?"
"중요할 것 같아서요."

이런 대답을 보면, 학생 스스로도 왜 그렇게 표시했는지 명확히 모르고 있다는 것을 알 수 있습니다. 결국 아무 기준 없이 감으로 표시한 것입니다. 이렇게 읽은 교과서가 공부에 도움이 될까요? 이 교과서로 제대로 노트 정리를 할 수 있을까요?

지금부터 교과서에 기호와 밑줄을 활용하는 가장 기본적인 방법을 알려 줄게요. 먼저 이 방법을 실천하고 익숙해진 뒤, 상황에 맞게 변형해 자신만의 학습법으로 발전시켜 보세요.

① 한 페이지 또는 소단원을 먼저 읽어 보세요

너무 많은 내용을 한 번에 읽으면 집중력이 떨어지고 이해하기 어려울 수 있습니다. 따라서 한 페이지나 소단원 단위로 나누어 읽는 것이 좋습니다. 이전에 소개한 교과서 읽는 순서를 기억하며, 단어의 아래를 연필로 짚어 가며 읽는 습관을 키우세요. 이렇게 하면 시선이 분산되지 않고, 집중력과 이해력을 높일 수 있습니다.

교과서를 읽을 때는 글자의 아랫부분을 손으로 짚어 가며 읽어 보세요.
이해 능력에 따라 한 문단씩 또는 한 페이지씩 나누어 읽으면 더욱 효과적입니다.

② 기호와 밑줄로 표시해 보세요

먼저 제목을 연필로 짚어가며 한 번 읽고, 그다음 중요 단어에 동그라미를 표시하세요. 소단원 제목도 같은 방식으로 동그라미를 합니다. 이어서 학습 목표 전체를 읽고 나서 중요 단어에 밑줄을 긋습니다. 그리고 교과서의 날개 부분을 읽고, 제목에 동그라미, 중요 단어에는 밑줄을 긋습니다. 이제 본문을 읽을 차례입니다. 본문은 한 번에 읽지 말고 한 문단씩 나누어 읽는 것이 좋습니다. 문단을 다 읽은 뒤에는 중심 단어를 찾아 동그라미로 표시하세요. 중심 단어가 두 개일 수도 있지만, 보통은 하나입니다. 중심 단어를 통해 문단의 핵심을 파악한 후, 중요 단어에만 밑줄을 긋습니다.

밑줄은 문장 전체에 긋기보다는 중요 단어만 표시해야 나중에 복습이나 노트 정리할 때 효과적입니다. 기호의 모양이나 색은 개인의 취향에 맞춰 정해도 좋습니다. 하지만 반드시 일관성 있게 사용하는 것이 중요합니다. 이것이 가장 기본적인 기호와 밑줄을 긋는 방법입니다.

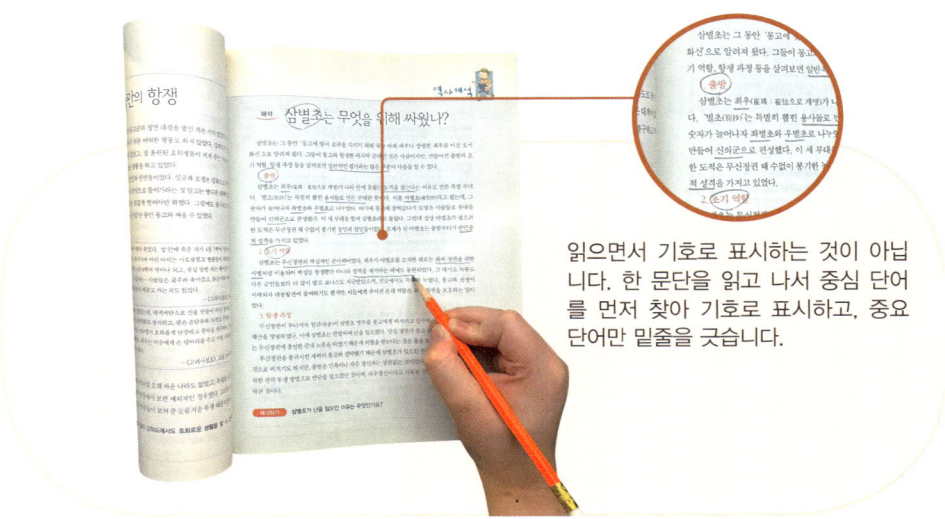

읽으면서 기호로 표시하는 것이 아닙니다. 한 문단을 읽고 나서 중심 단어를 먼저 찾아 기호로 표시하고, 중요 단어만 밑줄을 긋습니다.

③ 중요 내용이 나열되어 있는 경우에는?

교과서를 읽다 보면 중심 단어 하나에 중요 내용이 여러 개 나열되어 있는 경우가 있습니다. 이럴 때는 다음과 같은 방법으로 표시하면 좋습니다. 먼저 문단을 읽은 후 중심 단어에 동그라미를 표시합니다. 그런 다음, 각 중요 단어에는 밑줄을 긋고, 그 위에 작은 번호(①. ②. ③. ④ 등)를 달아 주세요. 이렇게 표시하면 정보를 구조적으로 정리할 수 있고, 복습이나 노트 정리를 할 때도 이해가 수월해집니다.

행정부 수반으로서의 대통령

대통령은 행정부의 수반으로서 모든 행정 작용에 최종적인 권한을 가지고 이에 관하여 책임을 진다. 대통령은 ① **행정부를 지휘·감독**하며 국무총리, 국무 위원, 행정 각부의 장 등 행정부의 ② **고위 공무원을 임면**한다. 그리고 행정부의 주요 업무를 심의하는 ③ **국무 회의의 의장**이 된다. 또한 대통령은 국회에서 만든 법률을 집행하고 법률안 거부권을 통해 ④ **국회를 견제**할 수 있다.

이렇게 표시하는 이유는, 하나의 중심 단어에 어떤 중요 단어들이 연결되어 있는지 쉽게 확인할 수 있고, 기억하기도 훨씬 수월할 수 있다는 거예요. 또한 교과서에 이러한 방식으로 표시를 해 두면, 시험 문제가 어떻게 출제될지도 어느 정도 예측할 수 있습니다. 이처럼 기호와 밑줄로 정리한 교과서는 단순히 한 번 읽고 끝나는 것이 아니라, 시험 대비에도 큰 도움이 됩니다.

1. 다음 중 행정부 수반으로서 대통령이 하는 일이 아닌 것은?
① 행정부 지휘·감독　　　② 고위 공무원 임면
③ 외교 활동　　　④ 국무회의 의장　　　⑤ 국회 견제

이 문제를 보면 어떤 의미로 표시해야 하는지 이제 잘 이해되었을 겁니다. 지금까지 교과서를 읽는 방법과 순서, 그리고 기호로 표시하는 방법을 살펴보았습니다. 선생님이 시험 범위를 정하거나 문제를 출제할 때 가장 먼저 참고하는 자료가 바로 교과서입니다. 그리고 교과서로 공부를 시작해 교과서로 마무리하는 학생의 성적이 좋다는 사실도 꼭 기억해 두세요. 이제 교과서를 어떻게 읽어야 하는지 알게 되었으니, 알려 준 순서에 따라 시험 전까지 최소 다섯 번 이상은 꼼꼼히 읽고 준비해 보세요. 그렇게 하면 공부하는 과정도 달라지고, 결과도 좋아질 것입니다.

6'

기억하기 쉽고, 반복 학습에 용이한 노트 정리

공부하고 있는 모습을 떠올려 보라고 하면, 대부분 책상에 앉아 펜을 들고 무언가를 쓰고 있는 장면을 떠올릴 겁니다. 하지만 요즘 학생들의 모습을 살펴보면, 책을 가만히 들여다보거나, 잠깐 읽고는 공부를 끝냈다고 말하는 경우가 많습니다. 왜 이렇게 눈으로만 공부하는 방식이 많아졌을까요?

1 쓰기를 잘해야 기억력이 좋아집니다

공부에서 기억과 암기는 가장 중요한 요소 중 하나입니다. 기억의 가장 기본적인 원리는 글을 읽고, 이해하고, 사고하며, 저장하고, 필요할 때 출력하는 활동을 반복하는 것입니다. 이 기억의 원리와 매우 유사한 학습 방식이 있습니다. 바로 필사입니다. 필사는 글을 그대로 따라 써 보는 것을 말합니다.

시를 필사하다 보면 자연스럽게 암송하게 되고, 소설을 필사하면 다양한 어휘를 접하며 좋은 문장을 내 것으로 만들 수 있습니다. 필사의 기본 원리는 책을 읽고 이해한 후, 기억에 남은 내용을 손으로 옮겨 쓰는 것입니다. 이 과정은 기억의 원리와 거의 같습니다. 그래서 글쓰기를 잘하는 학생은 기억력도 좋은 경우가 많고, 글쓰기를 어려워하는 학생은 학습 능력이 낮은 경우도 적지 않습니다. 초등학교 저학년 학생들이 글쓰기를 하는 모습을 보면, 자주 고개를 좌우로 흔들며 글을 쓰는 모습을 볼 수 있습니다. 왜 그럴까요? 여러 단어나 긴 문장을 한 번에 기억하지 못하기 때문입니다.

예를 들어 보겠습니다.

"순천시는 살아 숨 쉬는 생태 수도이며, 세계 5대 습지이자 철새들의 도래지인 순천만 습지의 갈대밭은 많은 사람들이 찾고 있는 관광 명소이다."

초등 저학년 학생들은 글을 쓸 때 다음과 같이 나누어 씁니다. '순천시는'을 기억하고 적고, '살아 숨 쉬는'을 기억하고 적고, '생태 수도이며'를 다시 기억하고 적는 식입니다. 이처럼 짧은 단위로 기억하고 쓰는 과정을 반복하기 때문에 고개를 좌우로 계속 흔들며 글을 쓰게 되는 것입니다. 반면 고학년이나 중학생 중에 쓰기를 잘

하는 학생들은 문장을 전체적으로 읽고 이해한 뒤, '순천시는~관광 명소이다'까지 한 번에 쭉 적을 수 있습니다. 글을 쓰는 과정에서 자연스럽게 기억하고 떠올리는 과정을 반복하다 보니, 기억력이 향상되고 단지 내용을 정리를 했을 뿐인데도 대부분의 내용이 머릿속에 남게 되는 것입니다.

그런데 초등 저학년 학생들도 도리도리하면서 또박또박 글을 쓰고 있음에도 불구하고 초등 고학년이나 중학생인데도 잘못된 글쓰기 습관을 가지고 있는 경우가 있습니다. 바로 펜 끝은 쳐다보지도 않고 계속 베껴 쓰는 학생들입니다. 이러한 방식의 쓰기는 이해, 사고, 저장의 과정을 거치지 않기 때문에 기억력 향상이나 학습 효과에 도움이 되지 않습니다. 또한 펜 끝을 보지 않고 글을 쓰기 때문에 글씨 모양은 엉망이 되고, 띄어쓰기나 맞춤법도 틀리게 되며, 심지어 자신이 쓴 글조차 나중에 읽지 못하는 경우도 생깁니다. 잘못된 쓰기 습관을 가진 학생들은 반드시 글쓰는 습관과 방법을 바꿔야 하며, 긴 문장을 한 번에 쓰는 필사 훈련을 꾸준히 실천하는 것이 중요합니다.

글을 쓴다는 것은 공부에서 가장 중요한 활동 중 하나입니다. 한두 단어만 쓰는 학생보다는 한 문장을 쓰는 학생이 더 뛰어난 이해력과 기억력을 가지며, 한 문장을 쓰는 학생보다는 두 문장을 쓰는 학생은 필요할 때 내용을 더 정확히 떠올릴 수 있는 능력을 갖게 됩니다. 쓰기는 이해, 사고, 기억, 머릿속에서 꺼내는 과정까지 포함하기 때문에 평소에도 글쓰기 활동을 게을리하지 말고, 더 긴 문장을 한 번에 쓰기 위해 꾸준히 훈련한다면 학습 능력은 크게 향상될 것입니다.

쓰기를 연습해 보세요.

✏️ 제시된 문장을 읽고, 이해한 후 기억하여 한 번에 써 보세요. 반드시 제시된 문장을 손이나 다른 도구로 가린 상태에서 적도록 하세요.

1. 순천시는 도시 전체가 정원이다.

2. 백제는 삼한 가운데 하나인 마한의 소국으로부터 출발하였다.

3. 기후와 지형 등 자연적 요인은 인구 분포에 큰 영향을 주었다.

4. 개발 도상국은 도시화가 짧은 시간에 급격하게 진행되었다.

5. 사람의 피부에는 냉점, 온점, 촉점, 압점, 통점 등의 감각점이 분포한다.

6. 손난로에 들어 있는 철은 공기 중의 산소와 반응하면서 에너지를 방출하고, 이로 인해 손난로가 따뜻해진다.

----

7. 원나라에서 유학을 마치고 돌아온 이색은 성균관을 정비하고 정몽주와 정도전 같은 후학을 양성하는 등 성리학의 보급과 발전에 크게 기여하였다.

----

8. 조선 정부는 전쟁으로 황폐해진 농지를 복구하기 위해 개간을 적극 장려하고, 조세 제도를 개편하여 국가 재정을 확충하고자 하였다.

----

9. 광합성이 일어날 때 처음 만들어지는 양분은 포도당이며, 포도당은 녹말로 전환된다. 광합성으로 만들어진 양분은 식물의 에너지원으로 사용된다.

----

10. 저위도 지역에서 고위도 지역으로 흐르는 비교적 따뜻한 해류를 난류라고 하며, 고위도 지역에서 저위도 지역으로 흐르는 비교적 찬 해류를 한류하고 한다. 우리 나라 주변에는 난류와 한류가 모두 흐르고 있다.

수고하셨습니다.
문장을 제대로 읽고 나서 기억한 후 인출해 보니, 생각보다 많은 내용을 머릿속에 담을 수 있다는 것을 느낄 수 있었을 것입니다. 그래서 잘 읽고 쓰는 연습이 학습에 매우 중요합니다.

2 노트 정리의 장점을 알아볼까요?

복습과 함께 노트 정리를 하면 기억력이 향상되고 이해가 깊어지는 장점이 있습니다. 단순히 내용을 눈으로만 반복하는 것보다, 손으로 직접 중요한 내용과 핵심 개념을 정리하면 머릿속에 정보를 체계적으로 저장할 수 있어 장기 기억에 도움이 됩니다. 또한 자신만의 언어로 정리하는 과정에서 이해도가 높아지고, 시험 전에는 핵심 내용을 한눈에 확인할 수 있어 보다 효율적인 학습이 가능합니다.

부모님과 선생님들은 자주 말씀하십니다.

"노트 정리를 하면서 공부해라."

여러 책이나 매체에서도 말합니다.

"공부를 잘하는 학생들은 노트 정리를 열심히 합니다. 여러분도 노트 정리를 하면서 공부하세요."

그런데 정작 학생들은 왜 노트 정리를 잘 하지 않을까요? 고민할 필요도 없이 이유는 간단합니다. 노트 정리 방법을 모르기 때문에 어렵고 귀찮게 느껴지는 것입니다. 노트 정리가 좋다는 사실은 알지만, 막상 어떻게 정리해야 할지 몰라 막막하게 느끼는 학생들도 많습니다. 공부할 때 눈으로 보기만 하는 것보다 손으로 직접 쓰며 공부하는 것이 더 효과적이라는 사실은 이미 많이 들어 알고 있을 것입니다.

노트 정리는 단순히 필기하는 것이 아니라 학습 내용을 읽고, 이해하고, 기억하고, 인출하는 과정을 반복하는 활동입니다. 이러한 과정을 거치면 집중력과 기억력이 모두 향상됩니다. 또한 정리한 노트 내용을 바탕으로 반복 학습을 수월하고 빠르게 복습할 수 있습니다. 여기에 선생님의 설명, 자습서의 보충 내용, 문제를 풀고 난 뒤의 오답 등도 함께 정리하면, 노트 한 권에 다양한 자료가 모두 담기게 됩니다. 이것을 '단권화'라고 하며, 교과서, 참고서, 문제집 등 여러 권의 책을 펼칠 필요 없이 노트 한 권만으로 학습할 수 있다는 장점이 있습니다.

반면 눈으로만 공부하는 경우 단순한 반복에 그치기 쉬워 쉽게 지루해지고, 집중력도 흐트러질 수 있습니다. 하지만 노트 정리를 병행하면서 공부를 한다면 눈과 손, 뇌를 동시에 사용하게 되므로 집중력을 유지하면서 더 깊이 있는 학습이 가능합니다. 게다가 노트 정리를 잘하는 학생들은 수업 중 필기 능력도 뛰어납니다. 복잡한 내용을 자신만의 표현으로 간결하고 빠르게 정리하는 능력을 갖추고 있기 때문입니다.

이처럼 장점이 많은 노트 정리, 이 책을 잘 읽고 따라 하기만 해도 여러분 모두 공부 방법에 큰 변화가 일어날 것입니다.

3 코넬식 노트가 제일 좋아요

노트 정리를 할 때 반드시 특정 양식을 따라야 하는 것은 아닙니다. 하지만 효과적인 정리법이 있다면 한 번쯤 시도해 보는 것도 좋은 선택이 될 수 있습니다. 이 책에서 추천하는 정리 방법은 '코넬 노트'입니다. 코넬 노트는 미국 아이비리그 명문인 코넬대학교의 교육학 교수 월터 포크(Walter Pauk)가 학생들의 학습 능력을 높이기 위해 고안한 노트 필기법으로, 현재 전 세계적으로 널리 알려진 방식입니다.

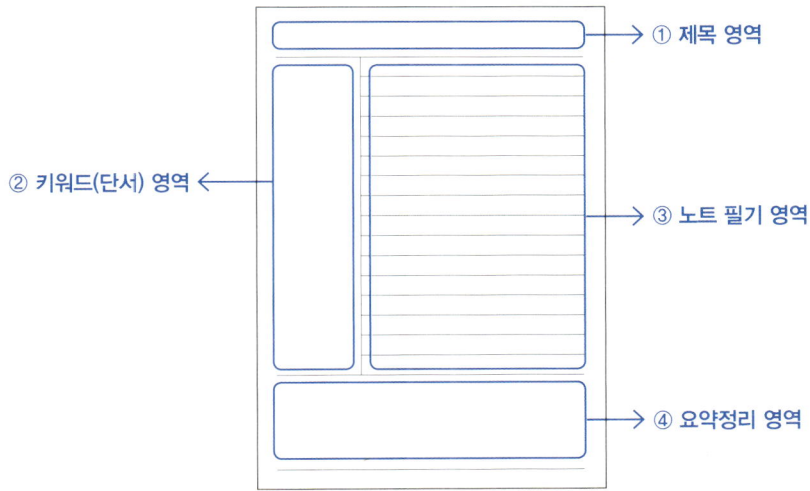

어렵게 느껴질 수 있지만, 아마 여러분도 한번쯤은 본 적이 있거나, 이미 사용하고 있을지도 모릅니다.

그럼, 이제 코넬 노트를 어떻게 사용하는지 차근차근 알아보겠습니다.

① 상단은 단원명을 적는 공간입니다

노트 맨 윗부분은 오늘 공부할 단원명을 적는 공간입니다. 줄이 없는 상단에는 대단원을, 그 아래 두 줄에는 중단원을 크게 적어 한눈에 알아보기 쉽게 작성합니다.

② 인출 단서를 정리하는 공간입니다

이 공간은 학습목표를 간단히 정리하거나, 본문의 필기 영역 중 핵심 단어나 개념을 요약해서 적는 곳입니다. 나중에 복습할 때 이 단어들만 보고 전체 내용을 떠올릴 수 있도록 인출 단서 역할을 하도록 정리하는 것이 중요합니다.

③ 학습 내용을 필기하는 공간입니다

이제 본격적인 노트 정리를 하는 공간이에요. 긴 문장보다는 간결하고 핵심적인 문장이나 단어를 사용하고, 필요한 경우 기호나 도식 형태를 활용해 시각적으로 정리하는 것이 좋습니다. 일부 책이나 매체에서는 중요도에 따라 펜 색을 다르게 사용하라고 하지만, 여러 색을 사용하는 데 너무 집중하면 시간이 오래 걸리고, 보여주기 위한 노트 정리가 될 수 있습니다. 그리고 반복 학습을 할 때 강렬한 색상만 시야에 들어와 전체 흐름을 파악하기 어려울 수도 있습니다. 실제로 화려하게 정리한 노트를 가진 학생 중에 성적이 낮은 경우도 있는데, 이는 겉보기에는 잘 정리된 것 같지만 학습에는 크게 도움이 되지 않는 경우입니다.

중요한 것은 '화려함'이 아니라 '중요한 내용'을 중심으로 정리하는 것입니다. 여러 색을 바꿔가며 쓰기보다는 처음에는 검정색 펜으로 정리하고, 이후에 추가 정리나 오답 내용을 덧붙일 때 색을 사용하는 것이 더 효과적입니다.

④ 요약을 작성하는 공간입니다

이 요약 공간은 모든 페이지마다 작성하지 않아도 됩니다. 중단원 하나가 마무리 되었을 때, 해당 단원에서 알아야 할 핵심 내용을 정리하거나, 필기한 내용 중 가장 중요한 내용을 축약해서 적습니다. 또한 시험 출제자가 되어, 예상 문제를 만들어 보는 것도 좋습니다.

마지막으로, 노트를 정리할 때 너무 빽빽하게 쓰지 마세요. 여유 공간을 남겨 두면 나중에 새로운 내용을 덧붙이거나 오답 정리 내용을 추가할 수 있어, 효율적으로 활용할 수 있습니다.

4 번호를 붙이면서 정리하세요

노트 정리를 할 때 학습 내용을 구분하지 않고 무작위로 작성하면 학습 효과가 떨어질 수 있습니다. 따라서 학습 내용을 명확하게 구분 하고, 주제와 세부 내용을 하나의 덩어리로 정리해야 합니다. 이럴 때 유용하게 활용할 수 있는 방법이 바로 학습 내용 앞에 번호를 붙이는 것입니다.

자습서나 선생님께서 주신 학습지를 보면 대부분 학습 내용 앞에 번호가 붙어 있는 것을 확인할 수 있습니다. 이렇게 번호를 활용하면 학습 내용을 체계적으로 정리할 수 있으며, 나중에 복습할 때도 내용을 쉽게 파악할 수 있습니다.

대부분의 학생들은 번호가 있으면 정리에 도움이 된다는 사실은 알고 있지만, 실제로 어떻게 번호를 붙여야 할지는 잘 모르는 경우가 많습니다. 이 글을 통해 번호 정리 방법을 이해하여, 앞으로 노트 정리할 때 유용하게 활용하시길 바랍니다.

번호를 붙이는 방식에는 내림차순의 체계가 있습니다. 일반적으로 다음과 같은 순서로 사용됩니다.

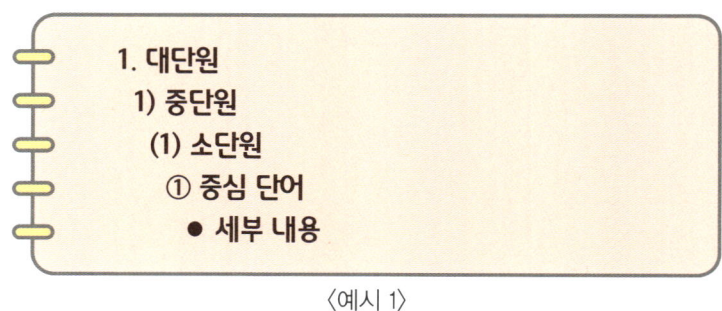

1. 대단원
　1) 중단원
　　(1) 소단원
　　　① 중심 단어
　　　　● 세부 내용

〈예시 1〉

교과서나 참고 도서에 따라 다소 차이가 있을 수 있지만, 일반적으로 위와 같은 구조를 따릅니다. 이 체계를 이해하면 앞으로 노트를 정리할 때 수월해지고 내용과 흐름을 한눈에 파악하고, 체계적으로 정리할 수 있습니다. 이처럼 번호를 잘 활용한 노트 정리는 학습 내용을 체계적으로 구조화하는 데 효과적이며, 복습하는 데 큰 도움이 됩니다. 꾸준히 연습하면서 자신에게 맞는 정리 방식을 만들어 간다면 학습 효율이 향상될 것입니다. 이렇게까지 정리할 필요가 있느냐고 생각할 수도 있습니다. 하지만 〈예시 2〉와 같이 번호를 내림차순으로 정리하고, 들여쓰기를 적절히 활

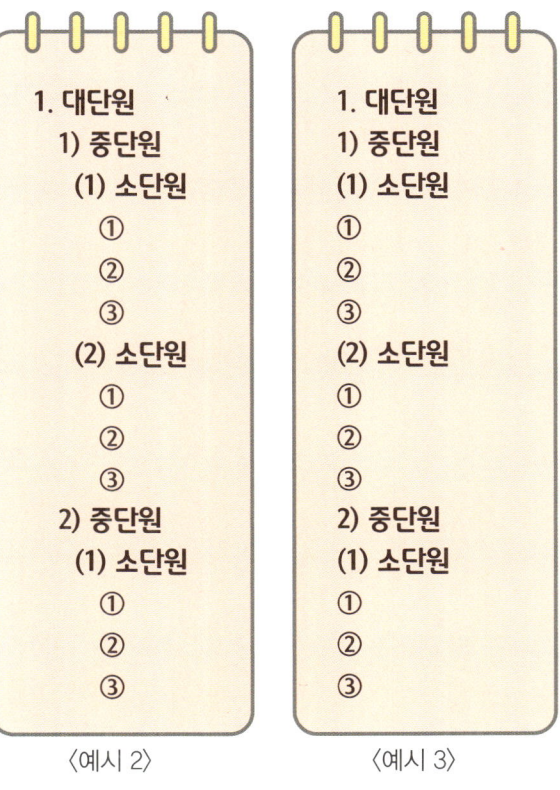

〈예시 2〉　　　　〈예시 3〉

용하면 학습 내용 간의 구분이 명확해집니다. 그 결과 중요한 내용을 한눈에 파악할 수 있고, 인출 단서가 잘 드러나기 때문에 세부적인 내용을 더 오래 기억할 수 있으며 복습에도 도움이 됩니다. 그렇다면, 구분 없이 내용을 작성하면 어떤 차이가 생기는지 〈예시 3〉을 통해 비교해 보겠습니다.

자, 어떤가요?

학습 내용끼리 구분이 잘되고, 보기 쉬운가요? 단원명에 따라 내용이 잘 구분되었는지도 살펴보세요. 아마 전체적으로 학습 내용끼리 구분이 명확하지 않고, 다소 복잡하다는 느낌을 받을 수 있습니다.

그래서 내용을 잘 정리하려면 번호의 내림차순에 맞춰 들여쓰기를 하는 것이 중요합니다. 노트 정리를 하면서 들여쓰기를 하는 일은 결코 어려운 일이 아닙니다.

한 칸 들여쓰기를 하거나, 줄을 맞춰 정리하는 것은 조금만 신경 쓰면 누구나 실천할 수 있는 일입니다. 이렇게 정리하면 노트가 깔끔해지고, 기억하기도 쉬우며 반복 학습에도 큰 도움이 됩니다.

지금까지 번호를 사용하지 않거나 들여쓰기를 하지 않았던 이유는, 아마 방법을 몰랐기 때문일 수 있습니다.

이제 그 방법을 알게 되었으니, 앞으로는 노트를 정리할 때 번호의 내림차순에 따라 들여쓰기를 적용해 보세요.

5 실전 노트 정리_기호 표시하기

이제부터 하나의 주제를 가지고 실전 노트를 작성해 보겠습니다. 내용을 잘 읽고 따라 하면, 노트를 보다 쉽게 정리하는 방법을 알 수 있습니다. 그리고 노트 정리만 했을 뿐인데, 따로 외우려 하지 않아도 대부분의 내용을 기억하게 되는 경험을 하게 될 것입니다. 여러분이 어떤 주제에 흥미를 느낄지 고민해 본 끝에 하루에 한 번은 꼭 가게 되는 '편의점'을 주제를 선정했습니다. 누구나 익숙하게 접하고, 쉽게 이해할 수 있는 주제이기 때문입니다.

1. 편의점 이야기

우리 어린이들은 편의점을 참 좋아합니다. 거의 매일 한 번씩은 편의점에 들러, 친구들과 맛있는 간식을 사 먹곤 합니다. 편의점 입구에 들어서면 가장 먼저 보이는 것은 과자 진열대입니다. 상단의 진열대에는 봉지 과자인 새우깡, 양파깡, 오감자가 있고, 박스 형태의 과자로는 고래밥, 칸쵸, 쿠크다스가 있습니다. 진열대 옆으로는 가나, 킨더조이, 스니커즈와 같은 초콜릿이 진열되어 있습니다.

과자 진열대를 돌아가면 음료수 냉장고가 나옵니다. 가장 앞쪽에는 콜라, 사이다, 환타와 같은 탄산음료가 있으며, 과일 음료로는 청포도, 시원한 배, 썬키스트가 있습니다. 우리는 운동을 좋아하기 때문에 포카리스웨트, 2%, 게토레이와 같은 이온 음료를 마십니다.

학생들은 항상 배가 고픕니다. 그래서 간식을 자주 먹게 되는데요, 가장 인기가 많은 간식은 라면입니다. 신라면, 안성탕면, 진라면과 같은 봉지 라면도 있지만, 편의점에서는 주로 삼양라면, 김치사발면, 도시락 같은 컵라면을 먹습니다. 라면만 먹으면 배가 차지 않기 때문에 김밥도 함께 먹습니다. 참치 불고기, 제육 불고기, 전주 비빔과 같은 삼각김밥도 인기가 많고, 동그란 채소 김밥, 참치 김밥, 충무 김밥도 자주 먹습니다.

본격적인 노트 정리를 시작하기 전에 가장 먼저 무엇을 해야 할까요? 노트를 곧바로 펼쳐 정리를 시작해도 될까요?

성급한 마음에 곧바로 정리를 시작하면 안 됩니다. 가장 먼저 해야 할 일은 전체 글을 처음부터 끝까지 읽고, 어떤 내용인지 전체적으로 이해하는 것입니다. 지금 읽어 본 글은 여러분도 충분히 이해할 수 있는 친숙한 내용입니다. 그렇다면 다음 단계는 무엇일까요? 바로 제목에 기호를 표시하고, 문단을 하나씩 읽으며 중심 단어를 찾아 동그라미와 밑줄로 표시하는 것입니다. 함께 해 볼까요?

우선 제목은 '편의점 이야기'입니다. 편의점에 동그라미를 쳐 주세요.

그리고 문단을 나누어 봅시다.

1. 편의점 이야기

우리 어린이들은 편의점을 참 좋아합니다. 거의 매일 한 번씩은 편의점에 들러, 친구들과 맛있는 간식을 사 먹곤 합니다. 편의점 입구에 들어서면 가장 먼저 보이는 것은 과자 진열대입니다. 상단의 진열대에는 봉지 과자인 새우깡, 양파깡, 오감자가 있고, 박스 형태의 과자로는 고래밥, 칸쵸, 쿠크다스가 있습니다. 진열대 옆으로는 가나, 킨더조이, 스니커즈와 같은 초콜릿이 진열되어 있습니다.

문단이란 긴 글을 주제에 따라 나눈 것으로, 하나의 짧은 이야기라고 생각하면 됩니다. 일반적으로 하나의 주제에서 다음 주제로 넘어갈 때 한 칸 들여쓰기를 하여 문단을 구분합니다. 방금 읽은 글을 살펴보면 들여쓰기가 세 번 되어 있으므로 총 3개의 문단이라고 볼 수 있습니다.

첫 번째 문단 과자

먼저 첫 번째 문단을 읽어 봅시다. 이 문단은 전체적으로 '과자'에 대한 이야기이므로, '과자'에 동그라미를 표시합니다. 그리고 이제 과자와 관련된 중요한 단어에 밑줄을 그어 봅시다.

- 봉지 과자어 밑줄을 긋습니다. 그다음 새우깡, 오감자에 각각 따로 밑줄 긋습니다. 쉼표가 있는 경우에는 끊어서 하나씩 밑줄을 그어 주세요.
- 박스 형태에 밑줄을 긋습니다. 이어서 고래밥, 칸쵸, 쿠크다스에 각각 밑줄을 긋습니다.
- 초콜릿이 상위 개념이므로 먼저 밑줄을 긋고, 가나, 킨더조이, 스니커즈에 각각 밑줄을 긋습니다.

공부할 때는 상위 개념부터 기억한 후, 하위 개념을 차례로 기억하는 것이 중요합니다.

1. 편의점 이야기

우리 어린이들은 편의점을 참 좋아합니다. 거의 매일 한 번씩은 편의점에 들러, 친구들과 맛있는 간식을 사 먹곤 합니다. 편의점 입구에 들어서면 가장 먼저 보이는 것은 과자 진열대입니다. 상단의 진열대에는 봉지 과자인 새우깡, 양파깡, 오감자가 있고, 박스 형태의 과자로는 고래밥, 칸쵸, 쿠크다스가 있습니다. 진열대 옆으로는 가나, 킨더조이, 스니커즈와 같은 초콜릿이 진열되어 있습니다.

두 번째 문단 음료수

이번에는 두 번째 문단입니다. 내용을 읽어 보며 '음료수'에 대한 이야기임을 알 스 있습니다. 다라서 '음료수'에 동그라미를 합니다.

- 탄산음료에 먼저 밑줄을 긋습니다. 그리고 콜라, 사이다, 환타에 각각 밑줄을 긋습니다.
- 과일 음료어 밑줄을 긋습니다. 이어서 청포도, 시원한 배, 썬키스트에 각각 밑줄을 긋습니다.
- 이온 음료에 먼저 밑줄을 긋고, 그다음 포카리스웨트, 2%, 게토레이에 각각 밑줄을 긋습니다.

매우 간단하고 쉽습니다.

과자 진열대를 돌아가면 음료수 냉장고가 나옵니다. 가장 앞쪽에는 콜라, 사이다, 환타와 같은 탄산음료가 있으며, 과일 음료로는 청포도, 시원한 배, 썬키스트가 있습니다. 우리는 운동을 좋아하기 때문에 포카리스웨트, 2%, 게토레이와 같은 이온 음료를 마십니다.

마지막 3번째 문단은 여러분이 직접 해 보세요.

이처럼 기호를 사용하여 중심 내용과 핵심 정보를 표시하고 나면, 내용을 이해하기 쉬울 뿐만 아니라 나중에 정리하고 복습하는 데에도 매우 효과적입니다. 기호로 표시된 정리 내용을 보면 한눈에 잘 들어오고, 노트 정리를 하고 기억하기도 수월합니다. 노트 정리는 생각보다 어렵지 않다는 사실을 기억해 주세요.

6 실전 노트 정리하기

여러분이 지금부터 배우게 될 노트 필기법은 '도식적 노트 필기' 입니다.

도식적 노트 필기는 정보를 시각적으로 구조화하여 이해와 기억을 돕는 학습 방법입니다. 핵심 개념을 도식으로 정리하면 복잡한 내용을 한눈에 파악할 수 있어 학습 효율이 높아집니다. 또한 중요한 내용 간의 관계를 쉽게 파악할 수 있고 문제 해결력과 사고력 향상에 도움이 되며, 시험 준비 시 내용을 빠르게 되짚어볼 수 있어 시간 관리에도 유리합니다.

그럼 이제 기호로 표시된 내용을 바탕으로 노트 정리를 해 보겠습니다. 우선 제목을 먼저 작성합니다. 빨간색 펜을 들고, 노트 두 줄에 걸쳐 크게 적어 보세요.

1. 편의점

왜 굳이 빨간색 펜으로, 그것도 두 줄을 사용해 제목을 크게 적을까요?

특별한 의미가 있는 것은 아닙니다. 다만 나중에 노트를 다시 볼 때 단원과 제목이 눈에 잘 띄도록 하기 위해서입니다. 이제 첫 번째 문단을 정리해 보겠습니다. 이 문단의 중심 단어는 '과자'입니다. 숫자 내림차순 방식에 따라 1) 이라고 번호를 매기고 한 칸 들여쓰기 공간에 적습니다. 그다음 한 칸 띄고, 첫 번째 과자 종류인 '봉지 과자'를 적습니다. 다시 한 칸을 띄운 후 '새우깡', '양파깡', '오감자'를 각각 줄을 바꾸어 세로로 정리합니다. 이때 단어들을 옆으로 나열하지 않고 아래로 적는 것이 중요합니다. 정리한 항목들은 가지로 묶어 주세요. 우리의 뇌는 가로보다 세로로 정리된 정보를 더 잘 기억하며, 하나의 문단 내용을 덩어리로 기억하는 것을 좋아합니다. 지금은 내용이 간단해 그 차이를 잘 느끼지 못할 수 있지만, 나중에 어려운 학습 내용을 정리할 때는 이 방식의 효과를 확실히 체감하게 될 것입니다.

이제 두 번째 과자 종류인 '박스 과자'를 적어 봅니다. '봉지 과자'와 같은 줄에 맞춰 '박스 과자'라고 적고, 그 옆에 '고래밥', '칸쵸', '쿠크다스'를 줄을 바꿔 가며 적고 가지로 묶습니다.

세 번째 과자 종류인 '초콜릿 과자'도 같은 방식으로 정리합니다. '박스 과자'와 줄을 맞춰 '초콜릿 과자'라고 쓰고, 그 옆에 '가나', '킨더', '스니커즈'를 줄을 바꿔 가며 적고 가지로 묶습니다. 마지막으로 봉지 과자, 박스 과자, 초콜릿 과자를 큰 가지로 묶으면, 첫 번째 문단의 정리가 끝납니다.

이렇게 가지로 묶어 정리하면, 중심 키워드인 '과자'만 떠올려도 관련 세부 항목들이 자연스럽게 연상됩니다. 즉, 기억을 도와주는 '연결망'이 형성되는 것입니다.

어렵게 느껴지셨나요? 전혀 어렵지 않습니다. 단지 처음이라 생소했을 뿐, 알고 나면 아주 쉬운 노트 정리 방법입니다.

1. 편의점

```
1) 과자 ┬ 봉지 과자 ┬ 새우깡
        │           ├ 양파깡
        │           └ 오감자
        ├ 박스 과자 ┬ 고래밥
        │           ├ 칸쵸
        │           └ 쿠크다스
        └ 초콜릿    ┬ 가나
                    ├ 킨더
                    └ 스니커즈
```

두 번째 문단을 작성해 볼까요?

이 문단의 중심 단어는 '음료수'입니다. 중심 단어이므로, 앞서 정리한 '1)'의 과자와 같은 줄에 맞추어 '2)'라고 번호를 매기고, 그 옆에 '음료수'라고 적으면 됩니다. 여기서 중요한 것은 '1) 과자'와 '2) 음료수'를 같은 위치에서 들여쓰기하여 줄을 맞춰 작성하는 것입니다. 이후의 내용인 '탄산음료', '과일 음료', '이온 음료'는 첫 번째 문단에서 과자 내용을 정리했던 방식과 동일하게 정리하면 됩니다. 즉, 각 종류의 이름을 먼저 쓰고, 그 옆으로 해당하는 음료 이름들을 세로로 나열한 뒤 가지로 묶어 정리합니다.

두 번째 문단의 나머지 정리는 여러분이 직접 작성해 보세요. 아마 쉽게 완성할 수 있을 겁니다.

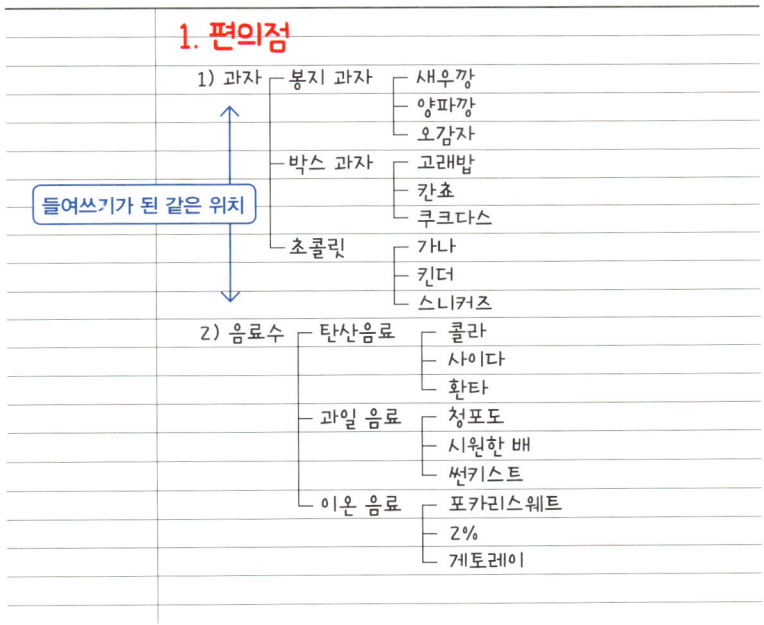

세 번째 문단을 작성해 볼까요?

이번 문단은 앞의 두 문단과는 달리 세부 내용의 하위 개념이 한 단계 더 많은 구조입니다. 실제 학습할 때는 이처럼 세부적으로 분류된 학습 내용이 자주 등장하기 때문에 이번 기회에 정리 방식을 제대로 익혀 두고 노트 정리에 활용해 보세요.

이번 문단의 중심 단어는 '간식'입니다. 중심 단어이므로 '2) 음료수'와 줄에 맞추어 '3)'이라고 번호를 매기고, 그 옆에 '간식'이라고 적습니다. 간식은 라면과 김밥으로 분류할 수 있으므로, 먼저 라면부터 정리해 보겠습니다. 간식 옆에 '라면'이라고 적고, 라면은 봉지 라면과 컵라면으로 나눌 수 있으니, 라면 옆에 '봉지'라고 적고 옆에 신라면, 안성탕면, 진라면을 줄을 바꿔 가며 적습니다. 그런 다음, 가지로 묶어 정리합니다. 이어서 봉지 라면 아래에 '컵'이라고 적고, 그 옆으로 삼양라면, 김치사발면, 도시락을 줄을 바꿔 가며 정리하고 가지로 묶어 줍니다.

　다음은 간식의 두 번째 분류인 김밥입니다. 라면과 같은 줄에 맞춰 그 아래에 '김밥'이라고 적고, 김밥은 다시 삼각김밥과 동그란 김밥으로 나뉘므로 '삼각'이라고 적은 후, 그 옆에 참치 불고기, 제육 불고기, 전주비빔밥을 줄을 바꿔 가며 적고 가

1. 편의점

```
• 과자      1) 과자 ┬ 봉지 과자 ┬ 새우깡
                   │          ├ 양파깡
                   │          └ 오감자
                   ├ 박스 과자 ┬ 고래밥
                   │          ├ 칸쵸
                   │          └ 쿠크다스
                   └ 초콜렛   ┬ 가나
                              ├ 킨더
                              └ 스니커즈

• 음료수    2) 음료수 ┬ 탄산 음료 ┬ 콜라
                     │          ├ 사이다
                     │          └ 환타
                     ├ 과일 음료 ┬ 청포도
                     │          ├ 시원한 배
                     │          └ 썬키스트
                     └ 이온 음료 ┬ 포카리스웨트
                                ├ 2%
                                └ 게토레이

• 간식      3) 간식 ┬ 라면 ┬ 봉지 ┬ 신라면
                   │      │      ├ 안성탕면
                   │      │      └ 진라면
                   │      └ 컵   ┬ 삼양라면
                   │             ├ 김치사발면
                   │             └ 도시락
                   └ 김밥 ┬ 삼각  ┬ 참치 불고기
                          │       ├ 제육 불고기
                          │       └ 전주비빔
                          └ 동그란 ┬ 참치 불고기
                                   ├ 제육 불고기
                                   └ 전주비빔
```

지로 묶습니다. 이어서 삼각김밥 아래에 '동그란'이라고 적고, 그 옆으로 채소, 참치, 충무를 순서대로 줄을 바꿔 가며 적고 역시 가지로 묶어 정리합니다. 어렵지 않죠?

이제 전체적으로 정리된 노트를 다시 한번 살펴보세요. 단순히 노트를 정리했을 뿐인데, 이미 많은 내용이 자연스럽게 기억되었을 거예요. 복습도 훨씬 편하게 이루어질 수 있습니다. 이렇게 정리하는 것이 바로 효과적인 노트 정리입니다.

이와 같이 교과서 내용을 정리하는 과정을 통해 자연스럽게 내용을 이해하고 기억하게 되며, 복습도 아주 빠르고 효율적으로 할 수 있습니다. 무엇보다 좋은 점은, 눈으로만 공부를 할 때보다 지루함이 줄어들어 집중력이 크게 향상된다는 장점입니다. 집중력 향상뿐만 아니라, 이해와 기억, 복습에도 효과적인 노트 정리를 하지 않을 이유는 없습니다.

이번에는 노트 정리의 기본 원리를 배웠으니, 이제 여러분의 실제 학습 내용에 직접 적용해 보세요. 물론 기본 원리를 알았다고 해서 처음부터 노트 정리를 완벽하게 할 수 있는 것은 아닙니다. 그러니 실망하지 말고 꾸준히 연습하다 보면, 어느새 집중해서 필기하고 있는 자신의 모습을 발견하게 될 거예요. 열심히 이해하고, 정리하며, 기억하면서 인출해 보세요.

다음 노트는 중학생 친구들이 공부하면서 정리한 내용입니다. 어떻게 정리했는지 확인해 보고, 여러분도 이렇게 정리하면서 공부해 보세요.

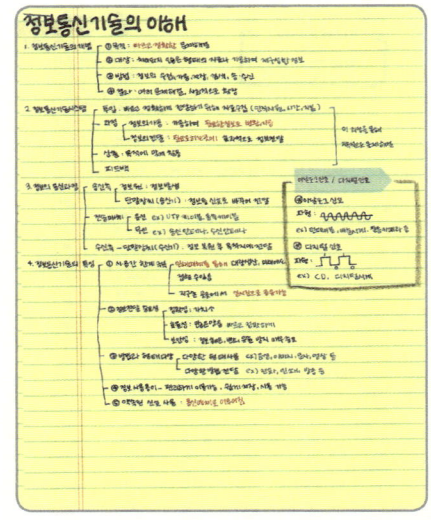

〈여수 여도중3〉

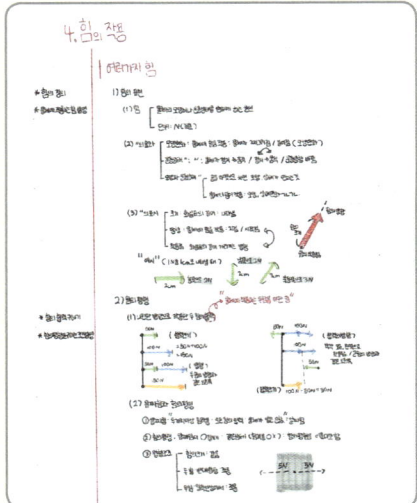

〈순천 승평중1〉

7 실전 노트 정리 연습해 보기

이번에는 여러분이 노트 정리를 더 잘할 수 있도록 여러 과목의 학습 내용을 바탕으로 연습해 보는 시간입니다. 다양한 내용을 정확히 읽고 이해하고, 기호를 사용하여 정리하고, 기억해 내는 과정을 통해 실전 감각을 기르는 훈련이라고 생각하면 좋겠습니다.

훈련 ❶ 지구의 모습

우리가 살고 있는 지구의 표면은 육지가 약 30%, 바다가 70%를 차지합니다. 육지는 아시아, 아프리카, 유럽, 오세아니아, 북아메리카, 남아메리카, 남극 대륙으로 구분되며, 바다는 태평양, 대서양, 인도양의 3대양과 북극해, 남극해로 구분할 수 있습니다.

훈련 ❷ 구석기 시대

구석기 시대 사람들은 돌을 깨트려 만든 뗀석기를 사용했습니다. 뗀석기의 종류에는 주먹도끼, 쪼개, 찌르개 등이 있으며, 이를 이용해 짐승을 사냥하거나 물고기를 잡았습니다. 구석기인들은 무리를 이루며 생활하였고, 의사소통을 위해 언어가 발달했습니다.

훈련 ❸ 국회의원

  국회는 국민이 선거구별 후보자에게 투표하여 직접 선출하는 지역구 의원과 정당별 득표율에 따라 선출되는 비례대표 의원으로 구성됩니다. 국회의원 임기는 4년이며, 연임이 가능합니다.

훈련 ❹ 가정 폭력

  가정 폭력은 경제적 폭력, 성적 폭력, 신체적 폭력, 정서적 폭력으로 나눌 수 있습니다. 먼저, 경제적 폭력은 경제 활동을 통제하거나, 경제적으로 방임하는 행위를 말합니다. 성적 폭력은 성적 자기결정권을 침해하는 것을 의미합니다. 신체적 폭력은 폭행, 감금, 신체적 억압, 직접적인 신체적 피해 등으로 구분되며, 정서적 폭력은 언어적 확대, 정서적 학대, 욕설, 간섭, 의심 등의 행위를 포함합니다.

8 그림을 그리면서 기억하자

글로만 정리하는 것보다 내용을 그림으로 표현하면, 뇌가 정보를 처리하고 저장하는 데 도움이 되어 더 오래 기억할 수 있습니다. 그림은 복잡한 개념이나 관계를 직관적으로 파악하게 해 주어 학습 내용을 체계적으로 정리하는 데 유리합니다. 또한, 이러한 시각적 정리 과정은 창의력과 집중력 향상에도 긍정적인 영향을 줍니다.

우리의 기억은 글보다는 장면이나 상황으로 저장되는 경우가 많습니다. 2시간이 넘는 영화를 본 뒤에도 그 내용을 대부분 기억하고 있고, 지난 여행의 일정을 글보다는 대부분 장면으로 떠올리는 경우가 많다는 것을 알 수 있습니다. 이처럼 우리의 뇌는 글보다는 시각적인 요소, 즉 장면이나 그림을 통해 기억하는 것을 더 좋아합니다. 또한 그만큼 오래 기억되는 경향이 있습니다.

시중에 판매되는 많은 책을 보면, 글의 내용을 그림이나 사진으로 함께 제시하여 독자들이 내용을 더 쉽게 이해할 수 있도록 구성되어 있습니다. 교과서나 참고서에도 수많은 그림이 포함된 것도 같은 이유입니다. 이러한 그림들을 유심히 살펴보면 글의 내용을 더 잘 이해할 수 있고, 해당 그림이 나중에 기억을 떠올리는 단서가 되어 줄 수 있습니다.

노트 정리를 할 때에도 글로만 작성하기보다는, 교과서나 자습서에 있는 그림 중 학습 내용을 이해하는 데 도움이 되는 것이 있다면, 그것을 활용하여 노트에 직접 그림을 그려 보는 것이 좋습니다. 그림을 통해 내용을 시각적으로 재구성하면 기억이 더욱 선명하게 남습니다. 이런 설명을 듣고 나면 어떤 학생들은 이렇게 말할 수도 있습니다. 그림을 잘 못 그린다고 하거나, 그림을 그리는 데 시간이 오래 걸린다고 생각할 수 있습니다. 하지만 우리는 화가가 아닙니다. 그림을 잘 그리지 못하는 것은 당연한 일이며, 중요한 것은 그림의 완성도가 아니라 그림이 어떤 내용을 담고 있고, 어떤 상황을 나타내는지를 본인 스스로 이해할 수 있느냐입니다. 그림을 그리는 데 시간이 오래 걸린다고요?

실제로는 그렇지 않습니다. 학습 내용을 그림으로 표현하는 과정 자체가 곧 장면을 머릿속에 떠올리는 연습이 되며, 그렇게 기억된 내용은 훨씬 더 오래 남습니다. 오히려 이러한 과정 덕분에 글로만 정리하였을 때보다 더 빠르게 이해하고 기억할 수 있어 시간을 절약하는 데 도움이 되기도 합니다. 이제 '기권의 구조와 특징'을 그림으로 표현해 보며, 기억해 보겠습니다.

기권의 구조와 특징

1. 대류권

지표면으로부터 약 11km까지 이르는 층으로, 기권에 있는 공기의 대부분이 이 층에 모여 있습니다. 위로 올라갈수록 기온이 낮아지며, 공기의 대류 현상이 활발히 일어나 구름이 만들어지고, 눈이나 비가 내리는 등 여러 가지 기상 현상이 나타나는 층입니다.

2. 성층권

대류권 위쪽 경계에서 약 50km까지 이르는 층입니다. 이층에서는 위로 올라갈수록 기온이 높아지는데, 그 이유는 오존이 태양의 자외선을 흡수하기 때문입니다. 대류가 일어나지 않아 매우 안정된 층으로, 장거리 비행기의 항로로 이용되는 층입니다.

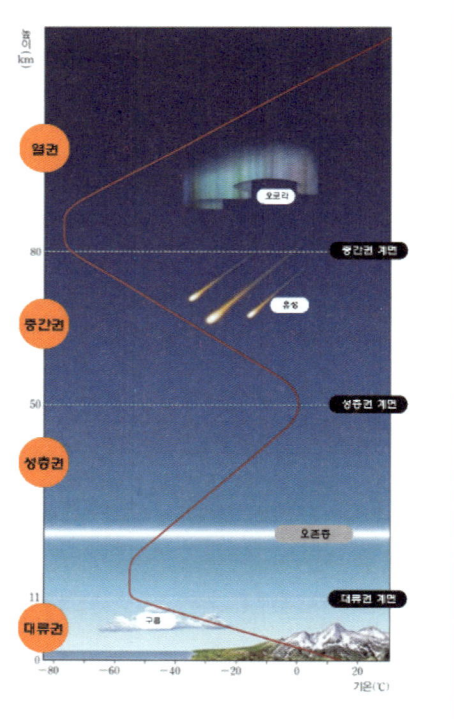

3. 중간권

성층권 위쪽 경계로부터 약 80km까지 이르는 층으로 위로 올라갈수록 기온이 낮아집니다. 공기는 매우 희박하며 대류 현상은 일어나지만 수증기가 없어 기상 현상은 발생하지 않습니다. 또한 밤하늘에서 볼 수 있는 유성은 주로 이 중간권에서 나타납니다.

4. 열권

중간권 위쪽에 있는 층으로 공기가 매우 희박하며 위로 올라갈수록 기온이 높아집니다. 낮과 밤의 기온 차가 매우 크며, 고위도 지역의 열권에서는 아름다운 오로라가 관측되기도 합니다.

이 학습 내용을 정리하고 기억할 때, 많은 학생은 "옆에 정리된 내용을 보고, 그림도 함께 기억해요."라고 말합니다. 즉, 내용 따로 그림 따로 정리하면서 각각 기억하려고 합니다.

하지만 내용을 분리해 정리하면 기억하는 데 시간이 더 걸리고, 번거로울 수 있습니다. 따라서 글과 그림을 하나로 묶어서 정리해 보는 것이 좋습니다. 학습 내용을 그림으로 표현하는 과정을 통해 자연스럽게 내용을 익힐 수 있고, 나중에 이 그림 하나로 반복 학습이 가능하기 때문에 더욱 쉽고 오래 기억할 수 있습니다.

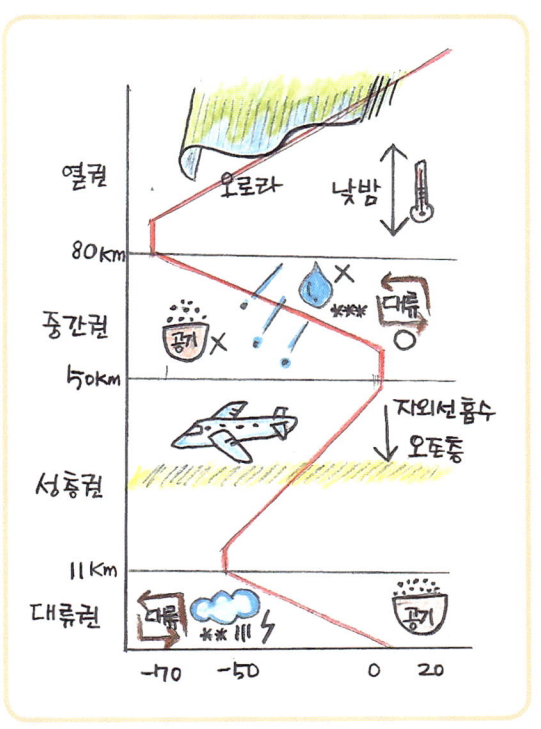

이번에는 역사 내용을 만화로 표현하며 정리해 보는 건 어떨까요?

그림을 예쁘게 그릴 필요는 없습니다. 중요한 것은 자신이 이해한 내용을 바탕으로 자유롭게 표현하는 것입니다. 그리고 그림을 다 그린 후에는, 반드시 그림을 보면서 학습 내용을 설명할 수 있어야 합니다. 설명이 어렵거나 부족한 부분이 있다면 그림이나 글을 덧붙여 보완하면 좋습니다.

이처럼 글자로만 정리하지 말고, 이해한 내용을 창의력을 발휘해 그림으로 표현해 보세요. 그림을 그리는 과정에서 내용이 자연스럽게 기억되며, 한 번 그린 그림은 오래도록 쉽게 떠올릴 수 있습니다.

신라의 위기와 나·당 연합

고구려가 수·당과 전쟁을 벌이는 동안, 백제와 신라의 대립도 점차 심화되었습니다. 백제의 의자왕은 당나라와 외교 관계를 맺고 있던 신라를 고립시키기 위해 고구려와 손을 잡고 당항성을 공격했습니다. 이는 신라를 고립시키기 위한 전략에서 비롯된 것이었습니다. 백제는 신라의 40여 개 성을 함락시키고 대야성까지 진출하여 신라의 수도를 위협하기도 했습니다. 이에 위기를 느낀 신라의 김춘추는 고구려에 군사 지원을 요청하였으나, 고구려가 죽령 이북의 땅을 요구하면서 협상이 이루어지지 않았습니다. 이후 김춘추는 당 태종이 안시성 전투에서 패하고 돌아간 뒤, 당나라로 직접 건너가 신라와 당의 군사동맹을 요청했습니다. 당 태종은 김춘추의 요청을 받아들여 '나·당 군사 동맹'을 맺고, 신라와 연합군을 결성하게 되었습니다.

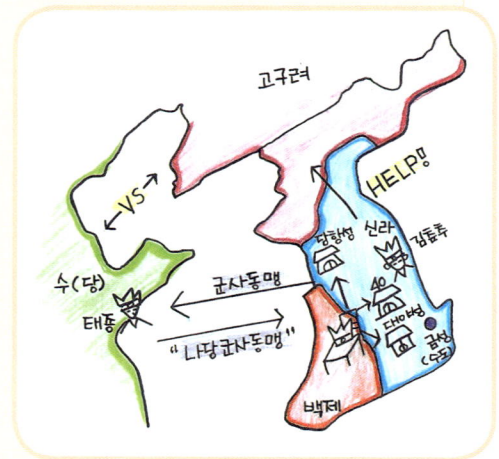

9 기호를 사용하고 함축적으로 정리해 보세요

노트 정리를 할 때 기호와 함축어를 활용하면 필기 속도를 높이고, 핵심 내용을 간결하게 표현할 수 있어 효율적인 학습이 가능합니다. 긴 문장을 줄여 쓰면 중요한 정보를 빠르게 기록할 수 있으며, 자신만의 함축어와 기호 체계를 만들면 반복 학습 시 이해가 더 쉽고 빠릅니다.

앞서 살펴본 내용을 더 효과적으로 기억하고 정리하려면 어떻게 하면 좋을까요? 예를 들어, '순천시 발전'이라고 적는 것도 좋지만, '순천시↑'처럼 간단한 기호로 정리하는 것이 훨씬 간결하고 기억하기 쉽습니다. 단순히 글자로만 정리된 노트보다 기호를 활용하면 중요한 정보에 시각적인 강조를 줄 수 있으며, 함축적으로 정리하면 기억하는 데에도 효과적입니다.

처음에는 몇 가지 기호만 정해서 사용해 보고, 익숙해지면 점차 활용 범위를 넓혀 보는 것이 좋습니다. 단, 너무 많은 기호를 한꺼번에 사용하면 오히려 혼란스러울 수 있으므로 간결하고 명확하게 사용하는 것이 중요합니다. 이런 점을 고려하여 자신만의 기호 체계를 만들어서 사용하는 것도 효과적인 방법입니다.

다음 문장을 어떻게 정리하면 좋을까요?

'적절한 소비로 국가 경제 활성화에 도움을 준다.'

이 문장을 그대로 옮겨 쓰기보다는, '적절한 소비 → 국가 경제 활성화 도움' 또는 '소비↑ → 경제 활성화'와 같이 간단하고 명료하게 정리해 보는 것이 좋습니다. 또한 '경제가 발전했다'는 표현은 '경제 발전' 또는 '경제↑'로 간단히 정리할 수 있습니다. 여기서 중요한 점은 단순히 베껴 쓰는 것이 아니라, 내용을 충분히 이해하고 자신의 언어로 재구성하는 것입니다. 이렇게 함축적으로 정리된 노트는 작성 시간을 줄여 줄 뿐 아니라, 학습의 효율성을 높이며, 학습 내용에 관한 깊이 있는 이해와 장기 기억에도 도움이 됩니다. 특히 기호를 활용한 정리 방법은 매우 효과적인 학습 전략입니다. 지금부터 노트 정리 방식에 조금씩 적용해 보시기 바랍니다.

노트 정리할 때 사용되는 기호

→ 인과 관계, 흐름, 방향
  예 A → B: A는 B의 원인이다.

↑ 상태 변화, 발전, 상승, 높다

↓ 상태 변화, 하락, 낮다
  예 A↑B↓: A는 상승하고, B는 하락했다.

↔ 상호 관계, 대립
  (예) A ↔ B: A와 B는 서로 영향을 준다.

= 같다
  예 A = B: A와 B는 같다.

≠ 같지 않다, 다르다
  예 A ≠ B: A와 B는 다르다.

+ 추가, 함께, 그리고

− 제외, 반대

& 그리고(간단한 연결)

∴ 따라서, 결론

∵ 왜냐하면

---

10 공부법에 최적화된 노트를 활용하세요

"오늘의 준비가 내일의 승리를 결정한다."다는 말이 있습니다. 공부도 마찬가지로, 좋은 결과를 얻기 위해서는 철저한 준비가 필요합니다.

혹시 이런 경험이 있으신가요? 시험 범위를 몰라 공부를 시작하지 못하거나, 시험 계획표가 어디 있는지 몰라 당황했던 순간, 혹은 정리해 둔 노트를 학교에 두고 와서 공부를 이어가지 못한 경험 등은 누구나 한 번쯤 겪어 보았을 것입니다.

공부하려면 교과서뿐만 아니라 학습지, 시험 계획표, 시험 범위 등 준비해야 할 것이 많습니다. 그러나 모든 자료를 따로 챙기다 보면 오히려 부담될 수 있습니다. 이럴 때는 복습 노트를 공부 전용 노트로 최적화해, 그 한 권만 챙기면 필요한 모든 자료를 챙길 수 있도록 만드는 것이 좋습니다. 방법은 간단합니다. 노트 표지 뒷면에 시험 계획표를 붙이고, 그 안에 수행평가 내용과 제출 날짜를 함께 기록합니다. 그 위에는 시험 범위와 시험 일자도 붙여 둡니다. 학습지는 노트 맨 뒤쪽에 보관합니다.

이렇게 준비해 두면 여러 자료를 따로 챙길 필요 없이 노트 한 권으로 학습 전 과정을 효율적으로 관리할 수 있습니다. 공부는 준비에서 시작됩니다. 한 번에 모든 자료를 갖춘 최적화된 복습 노트로 올바른 학습 습관을 만들어 보시길 바랍니다.

따스한 햇살이 쏟아지는 오후, 선미는 버스 정류장 벤치에 앉아 가볍게 미소를 짓고 있었습니다. 손에는 깔끔하게 정리된 노트 몇 권만 들려 있었죠. 저 멀리서 잔뜩 찡그린 얼굴로 다가오는 은지의 모습이 눈에 들어왔습니다. 그녀는 한눈에 보기에도 무거워 보이는 커다란 가방을 어깨에 메고 있었습니다.

"어휴, 선미야! 너 여기서 뭐 해?"

숨을 헐떡이며 벤치에 털썩 앉은 은지는 이마의 땀을 닦았습니다. 옆에 놓여 있는 가방은 보기만 해도 어깨가 뻐근해질 정도로 묵직했습니다.

"곧 버스가 올 시간이거든. 그런데 너 가방에 책이 왜 이렇게 많아?"

선미가 물었습니다. 은지는 가방을 힐끗 보며 깊은 한숨을 내쉬었습니다.

"말도 마. 혹시나 필요할까 싶어서 책이란 책은 다 챙겨 왔더니 어깨가 빠질 것 같아."

선미는 안쓰러운 표정으로 은지를 바라보며 자신이 들고 있는 노트를 가볍게 흔들었습니다.

"나는 필요한 내용만 정리해서 한 권으로 만들어 다녀. 훨씬 가볍고 편해."

은지의 눈이 동그래졌습니다.

"단권화? 그게 뭐야?"

"여러 권의 책에 흩어져 있는 중요한 개념이나 내용만 골라 한 권의 노트에 핵심적으로 정리하는 거야. 반복 학습하기도 편하고, 시험 전에 이거 하나면 충분하거든."

선미는 노트를 펼쳐 은지에게 보여 주었습니다. 형형색색 펜으로 정리된 내용과 자신만의 기호들이 눈에 띄었는데, 은지는 선미의 노트를 받아 꼼꼼히 살펴보았습니다. 주요 개념 옆에는 별표가 그려져 있었고, 헷갈리기 쉬운 부분은 색깔로 구분되어 있었어요. 또한 오답도 따로 정리되어 있어 마치 잘 만들어진 핵심 요약본 같았습니다.

"와! 진짜 정리도 잘 되어 있고 알차다! 너 이걸 어떻게 다 정리했어? 나는 책만 봐도 머리가 복잡한데….."

은지는 감탄과 부러움이 뒤섞인 목소리로 말했습니다.

"처음에는 나도 힘들었어. 그런데 하다 보니까 요령이 생기더라고. 중요한 내용은 나만의 언어로 정리하고, 자주 틀리는 건 따로 표시해. 무엇보다 반복해서 보다 보면 저절로 외워지더라고."

은지는 선미의 노트를 바라보다가 자신의 무거운 가방을 다시 내려다보았습니다. 어깨를 짓누르던 책들의 무게가 새삼 더 무겁게 느껴졌죠.

"나는 그냥 교과서에 밑줄만 긋거나 문제집만 풀었는데, 이렇게 정리하면 훨씬 효율적이겠다."

"그렇지? 시간도 절약되고 가방도 훨씬 가벼워지고, 반복 학습도 쉬워. 나중에 너도 한번 해 봐. 생각보다 어렵지 않아."

선미는 은지의 어깨를 가볍게 두드리며 격려했습니다. 은지는 아쉬운 듯 선미의 노트를 바라보며 말했습니다.

"나도 너처럼 정리 잘해서 가볍게 다니고 싶다. 다음에 정리하는 방법 좀 알려줄 수 있어?"

선미는 환하게 웃으며 고개를 끄덕였습니다.

"그럼! 언제든지. 같이 공부하면 더 재미있을 거야."

마침 버스가 도착해 은지는 무거운 가방을 들고 일어섰습니다. 선미의 단권화 노트는 마치 시험 족보처럼 은지의 머릿속에 선명히 남았습니다.

버스에서 내린 은지는 문득 선미의 노트가 떠올랐어요. 무겁게 느껴지는 가방끈만큼이나 머릿속도 복잡했습니다.

'나도 저렇게 정리할 수 있을까?'

'지금 시작해도 늦지 않았을까?'

그때, 평소 무심코 지나치던 문구점 앞에서 은지는 발길을 멈췄습니다. 색색의 펜과 다양한 디자인의 노트들이 진열된 모습을 보자 묘한 설렘이 느껴졌습니다. 은지는 노트 몇 권과 여러 색깔의 펜을 고르고 문구점을 나섰습니다.

집에 도착한 은지는 곧장 책상에 앉았습니다. 오늘 배운 내용을 복습하며 어떤 내용을 정리해야 할지 고민하기 시작했습니다. 책에 밑줄을 긋고, 문제집에서 틀렸던 문제를 다시 풀었습니다. 막막했지만, 선미의 노트를 떠올리며 용기를 내었어요.

은지는 핵심 개념을 중심으로 관련 내용을 가지처럼 확장하며 정리해 나갔습니다. 헷갈리는 부분은 눈에 잘 띄는 색깔 펜으로 표시하고, 그림이나 도표를 활용하여 시각화하기도 했습니다.

시간 가는 줄 모르고 노트 정리에 몰두하던 은지는 문득 선미에게 확인받고 싶어졌습니다. 자신이 잘하고 있는지, 더 효율적으로 정리하는 방법이 있는지 궁금했습니다.

고민 끝에 선미에게 메시지를 보냈습니다.

"선미야! 혹시 지금 시간 괜찮아? 너처럼 단권화 노트 만들고 있는데, 내가 제대로 하고 있는 건지 한번 봐줄래?”

얼마 지나지 않아 선미에게서 답장이 왔습니다.

“우와, 벌써 시작했구나! 정말 잘했어! 당연히 봐줄 수 있지. 혹시 정리한 사진 찍어서 보내 줄 수 있어? 내가 보면서 피드백 해 줄게.”

은지는 힘이 났습니다. 곧바로 노트를 사진으로 찍어 보냈습니다. 잠시 후, 선미에게서 칭찬과 조언이 담긴 답장이 도착했습니다.

“은지야, 정말 꼼꼼하게 잘했네! 중요한 부분도 잘 표시했고, 그림도 이해하기 쉬워! 이 부분은 이렇게 연결하면 더 좋을 것 같아.”

은지는 선미의 친절한 설명 덕분에 자신감을 얻었고, 선미의 조언을 바탕으로 노트를 수정하고 보완했습니다. 그러자 처음보다 훨씬 깔끔하고 보기 좋은 노트가 완성되었습니다.

며칠 뒤, 은지는 한결 가벼워진 가방을 메고 버스 정류장으로 향했습니다. 그 안에는 자신이 직접 정리한 단권화 노트 몇 권만이 들어 있었습니다. 무겁기만 했던 책들의 자리는 이제 스스로 정리한 지식들로 채워진 노트가 대신하고 있었습니다. 벤치에 앉아 노트를 펼친 은지는 가볍게 미소를 지었습니다. 어깨를 짓누르던 무게만큼 부담스럽던 공부가 이제는 조금씩 가벼워지는 기분이었습니다. 선미를 발견한 은지는 활짝 웃으며 자신의 노트를 자랑스럽게 펼쳐 보였습니다.

“선미야! 나도 드디어 단권화 노트 완성했어! 어때? 괜찮지?”

선미는 노트를 보더니 눈을 빛내며 말했습니다.

"와! 은지야, 정말 대단하다. 처음 만든 것 치고는 완벽한데? 이렇게 정리하면 공부할 맛 나겠다!"

선미의 칭찬에 은지는 수줍게 웃었습니다.

"다 네 덕분이야. 네가 좋은 방법 알려 줘서 나도 이렇게 할 수 있었어. 이제 무거운 책 안 들고 다녀도 되니까 진짜 좋아!"

두 사람은 서로의 노트에 대해 이야기하며 웃음꽃을 피웠습니다.

무거운 가방 대신 가벼운 노트를 들고 공부하는 두 친구의 모습은 햇살 아래에서 더욱 빛나 보였습니다. 은지는 선미 덕분에 자신에게 맞는 공부 방법을 찾게 된 것이 고마웠고, 앞으로는 더 효율적으로 공부할 수 있을 거란 기대에 설렜습니다.

기억을 잘하는 이유와 방법

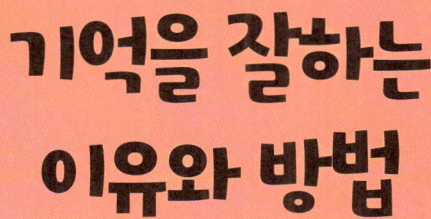

공부를 하거나 공부해야 하는 학생들이 가장 크게 고민은 바로 '기억'과 '암기'일 것입니다. 주어진 시간은 한정되어 있는데, 해야 할 공부량은 많으니, 다른 사람보다 기억을 더 잘하는 특별한 능력이 있었으면 좋겠다고 생각한 적이 누구나 한 번쯤은 있을 것입니다. 이제부터 기억을 잘하기 위한 특별한 능력을 함께 만들어 보겠습니다.

1 기억을 잘하지 못하는 이유는 무엇일까요?

공부에서 기억은 매우 중요합니다. 많은 학생들이 기억력에 대해 고민합니다. 그런데 정말 기억력이 나빠서일까요? 혹은 머리가 나빠서일까요? 결론부터 말씀드리자면, 그렇지 않습니다. 요즘 학생들 모두 충분히 똑똑합니다. 하지만 똑똑한 머리를 가지고 있어도 기억을 위한 준비, 과정, 방법을 제대로 모르기 때문에 기억을 잘하지 못하는 것입니다. 지금부터 기억의 과정과 방법을 자세히 설명할 테니, 잘 읽고 이해한 후, 공부할 때 적용해 보세요.

① 이해하지 않기 때문입니다

혹시 야구 좋아하시나요? 어떤 분은 좋아하실 것이고, 어떤 분은 야구의 규칙조차 잘 모를 수도 있습니다. 예를 들어 볼게요. 체육 수행평가로 '야구 경기의 방법과 규칙'에 대해 시험 본다고 가정해 봅시다. 야구를 좋아하는 학생은 이미 배경지식이 있어 내용을 쉽게 이해하고, 당연히 기억도 더 잘할 것입니다. 반면, 야구를 잘 모르는 학생은 이해가 어렵고, 기억하는 데 시간이 오래 걸리며 자꾸 헷갈리거나 금방 잊어버릴 수 있습니다.

이처럼 배경지식도 중요하지만, 더 중요한 것은 '이해하려는 노력'입니다. 이해하지 않은 채 무작정 외우려 하면 기억은 오래가지 않습니다. 이해하기 위해서는 수업을 듣고, 질문하고, 자료를 찾아보는 노력이 먼저 필요합니다. 기억력이 나쁜 것이 아니라, 이해하는 과정 없이 단순히 외우려 하기 때문에 기억되지 않는 것입니다. 이제부터는 반드시 이해하려고 노력한 뒤에 암기하도록 하세요.

② 읽기만 하고 기억했다고 착각하기 때문입니다

종종 이런 학생들이 있습니다.

"여기서부터 여기까지 외워 오세요."라고 하면, 얼마 지나지 않아 "선생님, 다 외웠어요!"라고 말합니다. 하지만 실제로 확인해 보면 제대로 대답하지 못합니다. 이 학생은 '기억했다'고 착각한 것입니다. 사실은 한 번 읽었을 뿐인데, 그것만으로 충분히 기억했다고 잘못 생각하는 것이죠.

기억을 잘하려면 먼저 내용을 충분히 이해해야 합니다. 그 다음에는 중요한 단어에 밑줄을 긋거나 정리하면서, 스스로 생각하고 기억해야 합니다. 하지만 여기서 끝나면 안 됩니다. 꼭 인출 활동을 통해 제대로 기억했는지 점검해야 합니다.

예를 들어, 고개를 들어서 기억한 내용을 다시 떠올려 보거나, 친구에게 설명하듯 이야기해 보는 것입니다. 혹은 키워드만 적어 놓고 그 내용을 스스로 다시 정리해 보는 것도 좋습니다. 이런 활동을 통해 어느 부분을 잘 기억했고, 어떤 부분이 부족한지 알 수 있습니다. 부족한 부분은 다시 읽고, 기억하고, 인출하는 과정을 반복하면 더 정확하게 기억할 수 있습니다.

무조건 빨리 외우는 것이 중요한게 아니라, 충분히 읽고 이해한 후 기억하도록 하며, 인출 활동으로 점검하는 것이 더 효과적입니다. 기억은 점검과 반복을 통해 완성된다는 것을 꼭 기억하세요.

❸ 반복하지 않기 때문입니다

기억을 잘 해 둔 내용이라도 반복해서 확인하고 점검해 주어야 오랫동안 유지됩니다. 예를 들어, 오늘 학교에서 시 한 편을 내일까지 암송하라는 수행평가가 주어졌습니다. 집에 돌아와 1시간 30분 동안 열심히 외웠습니다. 그런데 다음 날 선생님께서 암송 검사를 하지 않으셨고, 3일 후 갑자기 검사하셨습니다. 결과적으로 시를 제대로 암송하지 못해 수행평가 점수가 감점되었습니다.

왜 이런 일이 일어났을까요? 분명 그날은 완벽하게 외웠는데 말입니다. 문제는 반복을 하지 않았다는 점입니다. 이미 외운 시는, 잊어버리지 않도록 관리만 잘하면 되는 상태였습니다. 버스를 타고 이동할 때, 샤워할 때, 잠자기 전 잠깐이라도 1~2분씩 주기적으로 반복했다면 기억을 유지할 수 있었을 것입니다. 처음 외울 때는 시간이 오래 걸리지만, 반복은 아주 짧은 시간으로도 충분합니다. 반복을 통해 기억의 오류가 있는 부분만 다시 점검하고 보완하면 되기 때문입니다. 오늘 외운 내용을 시험 날까지 유지하기 위해서는 반드시 반복 학습이 필요합니다. 결과적으로, 기억을 잘하기 위한 방법은 단순히 암기하는 것이 아니라,

① 내용을 깊이 이해하며 기억하고, ② 인출 활동으로 점검하고, ③ 주기적으로 반복하는 것입니다.

이 세 가지를 실천한다면, 누구나 기억을 잘할 수 있습니다.

2 제대로 기억하려면?

같은 내용을 공부하는데 어떤 친구는 10분 만에 외우고 다음 과목으로 넘어가지만, 어떤 친구는 30분 동안 노력해도 아직 다 암기하지 못할 때가 있습니다. 정말 머리가 나빠서 그럴까요? 기억력이 부족해서일까요? 먼저 기억이 형성되는 원리를 이해해야 합니다.

① 반복하고 또 반복하세요

　삶 속에서 직접 겪은 경험은 곧바로 장기 기억으로 저장됩니다. 하지만 영어 단어나 수학 공식 같은 지식은 뇌의 해마가 중요하게 여기지 않기 때문에 반복하지 않으면 금방 잊히고 맙니다. 그렇다면 어떻게 해야 할까요? 바로 반복하고 또 반복해서 해마가 이를 중요하고 필요한 정보라고 인식하도록 만들어야 합니다. 오늘 공부한 내용도 며칠만 지나면 쉽게 잊게 됩니다. 그럴 때는 다시 떠올려 보세요. 또 잊어버리더라도 포기하지 말고 계속해서 기억을 되살려야 합니다. 이렇게 여러 번 반복 학습을 하면 해마는 이 정보를 중요한 것으로 판단해 대뇌피질로 옮겨 장기 기억으로 저장하게 됩니다.

기억을 열심히 하고, 잊어버리면 다시 기억하고.

다시 잊어버려도 또 기억을 하는 거야!

주변에 성적이 좋은 친구들이 한 번만 보고 다 외우는 것처럼 보일 수 있습니다. 하지만 사실은 모르게 수없이 반복해서 기억한 결과임을 알아야 합니다.

② 시각적인 정보를 활용하세요

우리의 우뇌는 시각적이고 감정적인 기억을 통해 정보를 직관적이고 빠르게 받아들입니다. 같은 내용이라도 글만 가득한 책보다 만화책이 훨씬 기억에 오래 남는 이유가 여기에 있습니다. 영화를 한 편 보면 며칠이 지나도 장면이 생생하게 떠오르고, 16부작 드라마의 내용도 상당 부분 기억할 수 있는 것도 같은 원리입니다. 그런데 우리는 논리적이고 분석적인 좌뇌 중심의 순차적 기억 방식만 사용하려 하기 때문에 기억이 어렵게 느껴지는 것입니다. 그렇다면 어떻게 해야 할까요?

좌뇌의 분석력에 우뇌의 창의력을 더해 학습 내용을 시각화해 기억하는 것이 좋습니다. 예를 들어, 시를 외울 때 각 행을 만화의 한 장면처럼 떠올리며 기억하는 방식입니다. 교과서나 자습서에 나오는 그림, 지도, 사진 등을 활용해 학습 내용을 이미지로 연상하고 결합해서 기억 효과가 매우 좋아집니다. 다음은 윤동주 시인의 '서시'입니다. 시를 읽으면서 장면을 머릿속에 그려 보세요.

서시 _ 윤동주

죽는 날까지 하늘을 우러러
한 점 부끄럼이 없기를,
잎새에 이는 바람에도
나는 괴로워했다.

별을 노래하는 마음으로
모든 죽어가는 것을 사랑해야지
그리고 나에게 주어진 길을
걸어가야겠다.

오늘 밤에도 별이 바람에 스치운다.

이제까지 단어나 문장으로 단순히 외우던 방식에서 벗어나, 앞으로는 우뇌의 창의력과 상상력을 활용해 재미있고 생생한 이미지로 기억해 보세요.

③ 다양한 감각을 활용하세요

한 가지 감각만 사용하기보다 여러 감각을 동시에 활용하는 것이 기억하는 데 훨씬 도움이 됩니다. 눈으로 읽고 손으로 쓰고, 말하고, 그 말을 다시 듣는 공부가 훨씬 효과적입니다. 이런 학습 방법은 지루하지 않아 집중력도 오래 유지할 수 있습니다. 무슨 말인지는 알겠지만, 어떻게 해야 할지 감이 안 온다고요? 간단한 예를 들어 설명해 드리겠습니다.

임진왜란 3대첩

한산도 대첩, 진주 대첩, 행주 대첩

첫 번째 방법은 단어를 축약해 말하듯 기억하는 것입니다.

예를 들어, "임진왜란 3대첩은 한산도, 진주, 행주입니다."를 이렇게 암기해 봅니다.

"한진행이다. 한진행. 헷갈리지 말자. 한산도, 진주, 행주!"

이처럼 입으로 말하고 손으로 쓰면서 외우면 훨씬 효과적입니다.

두 번째 방법은 우뇌의 창의력을 활용하는 것입니다.

"이순신 장군이 한 개의 산에서 진주를 행주로 닦고 있는데, 주변에서 칼 소리와 폭탄 터지는 소리가 난다."라고 이야기하듯 상상해 보는 것입니다. 여러분이 실제로 이순신 장군이 되었다고 생각하면서 한산도 산 위에서 진주를 행주로 닦는 장

면을 떠올려 보세요.

이처럼 좌뇌의 이해와 분석, 그리고 우뇌의 창의력, 감각, 시각화를 함께 활용해 달하고, 쓰고, 느끼고, 행동하면서 공부하면 기억이 훨씬 오래갑니다.

④ 알고 있는 만큼 쉽게 기억할 수 있어요

여러분은 게임 좋아하죠?

게임을 잘하는 친구들을 보면 정말 신기합니다. 처음 접하는 게임도 조금만 해보면 금방 조작법을 익히고 능숙하게 즐깁니다. 반면, 게임이 익숙하지 않은 사람은 조작법을 배우는 데도 시간이 오래 걸리고, 겨우 익혔다 해도 잘하지 못합니다.

왜 그럴까요? 이미 다양한 게임을 하며 익힌 조작법과 경험을 새로운 게임에 적용하기 때문입니다. 기억도 마찬가지입니다. 이미 알고 있는 지식에 연결해서 기억하면 훨씬 더 쉽습니다.

예를 들어, 여러분이 부모님과 충북 단양에 있는 고수 동굴에 다녀온 경험이 있다고 해 봅시다. 그때 봤던 멋진 풍경이 기억이 생생하게 떠오르겠죠? 이후 사회 시간에 석회암 동굴을 배우며, "위에서 자라는 고드름 모양은 종유석, 아래에서 자라는 죽순 모양은 석순, 이 둘이 만나 기둥이 된 것은 석주입니다."라는 설명을 들으면, 자연스럽게 고수 동굴의 모습을 떠올릴 수 있을 것입니다.

'아, 그게 종유석이었구나.'
'아, 그게 석순이었구나.'
'아, 그게 석주였구나.'

아, 그때 부모님이랑 갔던 동굴!

이처럼 여러분이 가진 지식이나 경험과 새롭게 배운 내용을 연결하면 이해도 잘 되고, 기억하기 훨씬 더 쉬워집니다. 또한 뇌의 해마가 이 정보를 중요한 것으로 인식하게 됩니다. 그래서 책을 많이 읽고 배경지식을 쌓으라는 말을 자주 듣는 것입니다. 주입식 공부보다 체험과 경험을 중시하는 이유도 바로 여기에 있습니다. 여러분이 이미 알고 있는 경험이나 지식에 새로운 정보를 연결해서 기억하면 훨씬 효과적이라는 것을 알았으니, 앞으로는 교과 내용과 관련된 독서나 체험 활동을 적극적으로 해 보면 좋겠습니다.

⑤ 80%는 이해하고, 20%만 외우세요

여러분, 영화 좋아하죠? 특히 액션 영화는 정말 재미있습니다. 시원한 액션 장면을 보면 감탄이 절로 나오죠. 그런데 액션 영화에서 자주 나오는 장면이 있습니다. 바로 고수와 하수가 싸우는 장면인데, 감독님이 일부러 웃기려고 넣은 것처럼 보이기도 합니다. 싸움의 하수는 허둥지둥 오두방정을 떨면서 몸을 이리저리 움직이고 있는데, 싸움의 고수는 침착하게 하수의 움직임을 관찰하고 있다가 단 한 번의 펀치로 하수를 KO시켜 버립니다. 이 모습이 공부하는 모습과 많이 닮아 있습니다.

예를 들어, 학원에서 공부가 익숙하지 않은 학생에게 "이 학습지 한 페이지를 외우고 집에 가자." 하고 말하면 어떻게 될까요? 대부분 학습지를 받자마자 급하게 외우기 시작합니다. 밑줄을 긋고, 동그라미를 치면서, 마음이 급해 무작정 달달달 외우기만 합니다. 빨리 외워야겠다는 생각에 내용을 제대로 이해하지도 못한 채 암기만 하려 합니다. 하지만 오랜 시간동안 암기하려고 노력했는데도 제대로 기억하지 못해 결국 집에 가서 다시 외워야 합니다. 그런데 공부를 잘하는 학생은 어떻게 할까요? 그들은 학습지를 차분히 읽으면서 내용을 이해하려고 노력합니다. 한 번 읽고, 두 번 읽으며 질문을 합니다.

"이 단어 뜻이 뭐예요?"
"선생님, 이건 왜 그런 거예요?"
"이 그래프가 잘 이해되지 않아요."

이처럼 충분히 내용을 파악하려는 태도를 보입니다. 그러다 어느 순간 질문이 멈추고, 자연스럽게 전체 내용을 기억하게 됩니다. 이후에는 여유로운 표정으로 즐겁게 집으로 돌아갑니다. 결국 중요한 건 80%는 내용을 충분히 이해하고, 20%만 외우는 것입니다. 이렇게 하면 공부가 훨씬 더 즐겁고, 기억도 오래 유지됩니다.

두 학생의 차이는 무엇일까요? 바로 '이해'입니다. 첫 번째 학생은 내용을 제대로 이해하지 않은 채 무작정 외우려 했지만, 두 번째 학생은 충분한 시간을 들여 내용을 이해하고, 그 이해를 바탕으로 기억했습니다. 첫 번째 학생이 기억 80%, 이해 20%였다면, 두 번째 학생은 이해 80%, 기억 20%의 비율로 접근한 것입니다.

기억은 반드시 이해를 바탕으로 해야 합니다. 우리가 수업을 듣는 이유도, 질문을 하는 이유 역시 결국 더 잘 이해하기 위해서입니다. 이해가 잘 되지 않는다면 자습서나 인터넷 강의를 참고해 보세요. 요즘에는 이해를 돕는 다양한 학습 도구들도 많으니 적극적으로 활용해 보세요. 이해하는 과정 속에서 세부적인 내용은 자연스럽게 기억되며, 시험에서는 그 내용을 떠올릴 수 있는 단서, 즉 생각의 실마리 하나면 충분합니다. 기억할 때, '공부 하수'처럼 무작정 외우려고 하기보다는 '공부 고수'처럼 먼저 충분히 이해한 뒤 기억하세요. 그러면 훨씬 더 재미있고 빠르게, 그리고 오래도록 기억할 수 있습니다.

3 기억법과 암기법을 배워 봅시다

가끔 TV 프로그램이나 언론 매체를 통해 수천 개의 단어나 숫자를 순서대로 외우는 사람들을 본 적이 있을 것입니다. 일반인이 따라 하기에는 어려워 보이는 놀라운 기억력을 지닌 이들 말이죠.

그렇다면 그들은 머리가 특별히 좋아서 그런 걸까요? 타고난 기억력 덕분일까요? 아니면 기억하는 '방법'이 달라서일까요?

물론 뛰어난 두뇌와 기억력은 도움이 됩니다. 하지만 그렇게 많은 정보를 한 번에 기억내 내는 것은 단지 타고난 능력만으로는 어렵습니다. 이들이 기억을 잘하는 가장 큰 이유는 바로 효과적인 '기억 방법'을 알고 활용하기 때문입니다. 단순한 주입식으로 외워서는 절대 그런 결과를 만들어 낼 수 없습니다. 이들은 어떻게 하면 더 기억을 잘할 수 있을지 끊임없이 고민하고 연구했을 것입니다. 다른 사람의 기억법을 관찰하고 자신에게 맞게 바꿔 가며 꾸준히 훈련했을 거예요. 세상에는 매우 다양한 기억법이 존재하고, 사람마다 잘 맞는 방식도 조금씩 다릅니다. 공부를 잘하는 친구들도 대부분 자신만의 기억법을 하나쯤은 갖고 있을 가능성이 큽니다. 공부를 잘하든 그렇지 않든, 중요한 것은 '기억법을 알고 있느냐'입니다. 기억법을 전혀 모르면 평생 주입식으로 단순하게 암기에만 의존할 수밖에 없습니다. 반면 조금이라도 기억법을 알면, 더 쉽고 오래 기억할 수 있는 방법을 스스로 고민하고 활용하게 됩니다.

여러분도 지금부터 기억법이 무엇인지 하나하나 배워 가며, 이를 어떻게 학습에 적용할 수 있을지 함께 익혀 보세요. 내용을 읽고 이해하면서 자신만의 기억 방법을 만들어 보길 바랍니다.

① 연속 결합법을 배워 보세요

'연상'이란, 화장실 하면 변기가 떠오르고, 하늘 하면 구름이나 태양이 자연스럽게 생각나는 것처럼, 하나의 개념이 다른 개념으로 이어지는 과정을 말합니다. 연속 결합법은 이러한 연상 능력을 활용해 단어나 개념들을 의도적으로 연결하고 기억하는 창의적인 방법입니다. 순서대로 기억해야 할 내용이나 많은 정보를 재미있는 이야기로 상상해 엮어 가면서 외우는 방식으로, 단순 암기보다 훨씬 쉽고 재미있게, 그리고 오래 기억할 수 있는 장점이 있습니다. 사실 여러분도 이 방법을 이미 알고 있을 수 있습니다. 다만, 그것을 공부에 적극적으로 활용하지 않았을 뿐입니다. 혹시 이 노래를 들어 보거나 불러 본 적이 있나요?

> 원숭이 엉덩이는 빨개, 빨가면 사과, 사과는 맛있어,
> 맛있으면 바나나, 바나나는 길어, 길면 기차, 기차는 빨라,
> 빠르면 비행기, 비행기는 높아, 높으면 백두산.

이 노래가 바로 연속 결합법을 활용한 좋은 예입니다. 이제 이 노래에 나오는 단어들을 순서대로 떠올려 볼까요?

> 원숭이 → 사과 → 바나나 → 기차 → 비행기 → 백두산

연속 결합법은 우뇌의 창의력과 상상력을 활용해 단어들을 재미있는 이야기나 이미지로 연결해 기억하는 방법입니다. 마치 사슬처럼 단어들이 서로 단단히 이어져 있어, 순서에 따라 쉽게 기억할 수 있습니다. 이번에는 몇 개의 단어를 가지고 연속 결합법을 연습해 보겠습니다.

강아지, 자장면, 비행기, 독도, 태풍

여기서 주의할 점이 있습니다. 단어의 순서가 절대로 바뀌면 안 됩니다. 순서가 바뀌면 연결 고리가 끊어져 연속 결합법의 효과가 사라집니다. 그리고 또 하나 중요한 점은, 말이나 글로만 기억하려 하지 말고 반드시 그 상황을 머릿속에 생생한 장면으로 생각하면서 기억해야 더 오래 기억할 수 있다는 것입니다.

• 강아지+자장면
→ 강아지가 자장면을 얼굴에 바르면서 먹고 있어요.

• 자장면+비행기
→ 자장면을 비행기에 뿌리고 있어요.

• 비행기+독도
→ 비행기가 날아서 독도에 착륙했어요.

• 독도+태풍
→ 독도에 엄청난 태풍이 불어 닥치고 있어요.

예제

강아지 + (　　　　) + (　　　　) + (　　　　) + (　　　　)

이것이 바로 연속 결합법입니다. 아직 익숙하지 않아 연상이 잘 떠오르지 않을 수도 있습니다. 그래서 효과적으로 연상하기 위한 몇 가지 규칙을 알려 줄게요. 차근차근 따라 해 보세요.

1. 붙여서 결합해 보세요

두 개의 사물을 떨어뜨려 두는 것보다, 가깝게 붙여서 연상하는 것이 훨씬 효과적입니다.

예 축구공+도끼

축구공이 도끼에 튕겨서 멀리 날아갔다. (×)

축구공을 도끼로 찍어 버렸다. (○)

2. 움직이게 결합해 보세요

정적인 장면보다 움직임이 있는 장면이 더 생생하게 기억에 남습니다. 가능한 한 동작을 넣어 연상해 보세요.

선생님 얼굴에 지렁이가 붙어 있다.
(×)

선생님 얼굴에서 지렁이가 계속
꿈틀대고 있다. (○)

3. 웃기게 결합해 보세요

재미있거나 황당한 장면은 오래 기억됩니다. 단조롭고 밋밋한 장면보다는 웃기
고 상상력을 자극하는 장면으로 만들어 보세요.

예 **원숭이+바나나**

원숭이가 바나나를 먹고 있다. (×)

원숭이가 바나나 껍질을 밟고 넘어
졌다. (○)

4. 오감을 활용해 결합해 보세요

냄새나 촉감이 느껴지는 장면은 강한 인상을 남겨 오래 기억됩니다. 다만, 너무 불쾌하거나 과도하게 자극적인 이미지는 피하고, 재미와 상상이 조화를 이루도록 연상하는 것이 좋습니다.

예 **아빠+케이크**

아빠가 케이크를 들고 있다. (×)

아빠가 부드러운 케이크를 얼굴에 바르고 있다. (○)

5. 형상화해 결합해 보세요

연상 결합을 하려면 '형상' 또는 '모양'이 있어야 하는데, 어떤 단어들은 머릿속에 이미지로 그리기 어렵습니다. 이럴 때는 형상이 눈에 보이는 모양이나 구체적인 이미지로 바꾸는 것이 좋습니다. 이를 형상화라고 합니다.

형상화에는 크게 두 가지 방법이 있습니다. 바로 유사의미와 유사음인데, 개인의 지식과 경험에 따라 적절한 방식을 선택해 활용하면 됩니다.

- **유사의미 예시**　봄: 개나리, 벚꽃, 새싹 등

　　　　　　　　　여름: 태양, 해수욕장, 수박 등

- **유사음 예시**　고구려: 고구마

　　　　　　　　신라: 신라면

예 가을+학교

→ 낙엽이 떨어지고 있는 학교

예 신라+진흥왕

→ 신라면을 먹고 있는 진흥왕

　이처럼 추상적이거나 형상이 없는 단어는 구체적인 이미지로 바꿔서 연상 결합을 해야 합니다. 우리가 배우는 많은 학습 내용도 이런 형상화 과정을 거쳐 연상 결합을 통해 기억하게 됩니다. 처음에는 조금 어렵고 낯설게 느껴질 수 있지만, 창의력과 상상력을 활용하다 보면 점점 자연스럽게 할 수 있게 됩니다.

　자, 이제 좀 더 많은 단어를 연속으로 결합해 보며 연습해 볼까요?

기억해야 할 단어

| 1. 궁수 | 2. 염소 | 3. 물병 | 4. 물고기 | 5. 양 | 6. 황소 |
| 7. 쌍둥이 | 8. 게 | 9. 사자 | 10. 처녀 | 11. 양팔 저울 | 12. 전갈 |

이제 12개의 단어를 연속 결합하여 기억하는 연습을 해 보겠습니다. 기억할 때 가장 중요한 것은 무엇일까요? 먼저 내용을 충분히 이해한 뒤, 어떻게 하면 더 잘 기억할 수 있을지를 스스로 고민해 보는 것입니다. 그리고 그 내용을 창의력과 상상력으로 재미있게 연상하여 결합해야 합니다.

자, 이제 한 단어씩 연상 결합을 해 볼게요. 중요한 점은 단순히 문장을 읽는 데 그치지 말고, 머릿속에 생생한 이미지나 상황을 떠올리며 기억하는 것입니다.

12단어 연속 결합하기

1. **궁수 + 염소**: 궁수가 화살로 염소를 잡았어요.
2. **염소 + 물병**: 염소의 젖을 짜서 물병에 담았어요.
3. **물병 + 물고기**: 물병 속에서 빨간색 물고기가 헤엄치고 있어요.
4. **물고기 + 양**: 물고기를 양이 뜯어 먹고 있어요.
5. **양 + 황소**: 양과 황소가 박치기를 하고 있어요.
6. **황소 + 쌍둥이**: 황소 뿔을 쌍둥이가 하나씩 부러뜨리고 있어요.
7. **쌍둥이 + 게**: 쌍둥이가 커다란 게의 집게발에 잡혀 있어요.
8. **게 + 사자**: 게의 집게발로 사자의 갈기를 자르고 있어요.
9. **사자 + 처녀**: 사자를 처녀가 아름답게 타고 다녀요.
10. **처녀 + 양팔 저울**: 처녀가 양팔 저울을 높이 들고 서 있어요.
11. **양팔 저울 + 전갈**: 양팔 저울에 전갈이 독침을 놓고 있어요.

머릿속에 위 11장의 장면이 떠오른다면, 여러분은 12개의 단어를 모두 정확히 기억하고 있다는 뜻입니다. 이제 아래에, 기억한 12개의 단어를 순서대로 적어 보세요.

1 궁수	2	3	4	5	6
7	8	9	10	11	12

많은 학생들이 '천칭'이라는 단어가 익숙하지 않아, 유사한 의미를 지닌 '양팔 저울'로 형상화해 기억하였습니다. 그러니 앞으로는 '양팔 저울'을 '천칭'이라고 생각하면 되겠습니다.

방금 기억한 12개의 단어는 단순한 단어들이 아닙니다. 중학교 2학년 과학 시간에 배우는 '황도 12궁' 별자리의 순서였습니다. 이처럼 연상 결합을 활용하면 단어 하나하나가 흥미롭고, 순서대로 오래 기억할 수 있다는 장점이 있습니다.

연속 결합법, 생각보다 어렵지 않죠? 그럼, 이번에는 '시각의 전달 경로'를 연속 결합으로 기억해 보는 연습을 해 볼까요?

시각의 전달 경로

빛 → 각막 → 수정체 → 유리체 → 망막 → 시신경 → 대뇌

이와 같은 학습 내용은 '형상화' 과정을 거쳐 연상 결합할 때 더욱 효과적으로 기억할 수 있습니다.

다음은 '시각의 전달 경로'의 내용을 형상화한 것입니다.

시각 → 눈	빛 → 빗
각막 → 각목	수정체 → 수정
유리체 → 유리창	망막 → 망사
시신경 → 시신	대뇌 → 뇌

형상화는 개인의 지식과 경험에 따라 다르게 나타날 수 있습니다. 따라서 유사의미나 유사음 기준으로 적절히 바꾸어 연상하면 기억에 더 효과적입니다.

1. **눈 + 빗**: 눈에 빗이 꽂혀서 너무 아파요.
2. **빗 + 각목**: 빗을 각목으로 내리쳐서 박살 냈어요.
3. **각목 + 수정**: 각목에 빛나는 수정이 박혀 있어요.
4. **수정 + 유리창**: 수정을 던져 유리창을 깼어요.
5. **유리창 + 망사**: 유리창 파편이 망사 위로 떨어지고 있어요.
6. **망사 + 시신**: 망사로 누워 있는 시신을 덮어 주었어요.
7. **시신 + 뇌**: 시신의 뇌가 꿈틀꿈틀 움직이고 있어요.

혹시 기억하는 과정이 어렵거나 낯설게 느껴졌나요? 그래도 조금은 재미있고 특별한 방식이라는 생각이 들지 않았나요?

자, 이제 방금 형상화했던 이미지를 하나씩 떠올리며, 순서대로 다시 적어 보세요. 이처럼 형상화와 연상 결합을 활용하면, 복잡한 개념이나 학습 내용도 보다 쉽게, 그리고 오래 기억할 수 있습니다. 다음 학습에서도 이 방법을 자유롭게 활용해 보세요.

눈					

이제 원래의 학습 내용인 '시각의 전달 경로'를 정확하게 적어 보겠습니다.

시각의 전달 경로					

진작 이렇게 기억했더라면 더 쉬웠을 거라는 생각이 들지 않나요? 그리고 길을 걸을 때나 차를 타고 이동할 때, 오늘 연습한 연속 결합 이미지를 마음속에서 한번

더 떠올려 보세요. 아마 평생 잊지 않고 기억에 남을 것입니다. 사실 공부하는 과정에서 연속 결합법을 활용해 기억할 수 있는 내용은 매우 많습니다. 앞으로 공부할 때마다 이 방법을 생각하며 적용해 보세요. 처음에는 낯설고 시간이 오래 걸릴 수도 있지만 꾸준히 연습하고 반복하다 보면, 어느 순간 자연스럽게 이 방법을 활용하는 자신을 발견하게 될 것입니다.

② 기초 결합법을 배워 보세요

우리 뇌 깊숙한 곳에는 바닷속 해마와 닮아 '해마'라고 불리는 부위가 있습니다. 폭은 약 1cm, 길이 약 5cm로 작지만 기억력과 집중력, 주의력을 관장하는 중요한 기억의 중추입니다. 이 해마는 일정 시점까지 크기가 커지다가, 나이가 들수록 점차 줄어들어 기억력 감퇴나 인지 능력 저하로 이어질 수 있다고 합니다. 그래서 부모님들이 요즘 자주 깜빡깜빡 한다고 말씀하는 것이죠.

근육이 빠지면 운동을 하고, 피부에 주름이 생기면 콜라겐이나 엘라스틴을 보충제를 먹거나 관리를 받듯이, 해마도 적절한 훈련이 필요합니다. 이를 통해 해마의 크기가 줄어드는 것을 막고, 기억력을 유지하거나 향상시킬 수 있습니다. 또한 뇌세포가 일부 손상되더라도 주변 세포들이 그 기능을 대신할 수 있도록, 뇌인지 예비 용량을 확보하는 것도 중요합니다. 조금 어렵게 느껴질 수 있겠지만, 핵심은 간단합니다. 해마를 효과적으로 훈련하기 위해 필요한 세 가지 핵심 요소는 공간, 장소, 인출입니다.

그리고 기억법에서는 이 세 가지를 충족할 수 있는 훈련법이 있습니다. 그것이 바로 '기초 결합법'입니다. 이 방법은 해마의 기능을 강화할 뿐만 아니라, 집중력과 기억력 향상, 우뇌 능력 개발, 사고력 증진에도 도움을 줍니다. 더 나아가, 기존에 알고 있던 지식과 새로운 정보를 자연스럽게 연결해 기억하는 방식도 터득할 수 있게 됩니다. 지금부터 여러분은 이 기초 결합법을 통해 30개의 단어를 순서대로 기억하고, 8번, 17번, 22번처럼 무작위 질문을 받아도 즉시 대답할 수 있는 능력을 갖게 될 것입니다.

어려울 것 같다고요? 머리가 아플 것 같다고요?

걱정하지 마세요. 아주 쉬운 훈련입니다. 단지, 그림 3장만 기억하면 됩니다. 이 그림을 '기초장'이라고 부르며, 기억할 때는 간단한 규칙이 있습니다. 제일 위에는 제목이 있고 '위에서 아래로, 왼쪽에서 오른쪽으로' 순으로 숫자를 순서대로만 기억하면 됩니다.

첫 번째 기초장인 '0의 장'을 기억해 보세요.

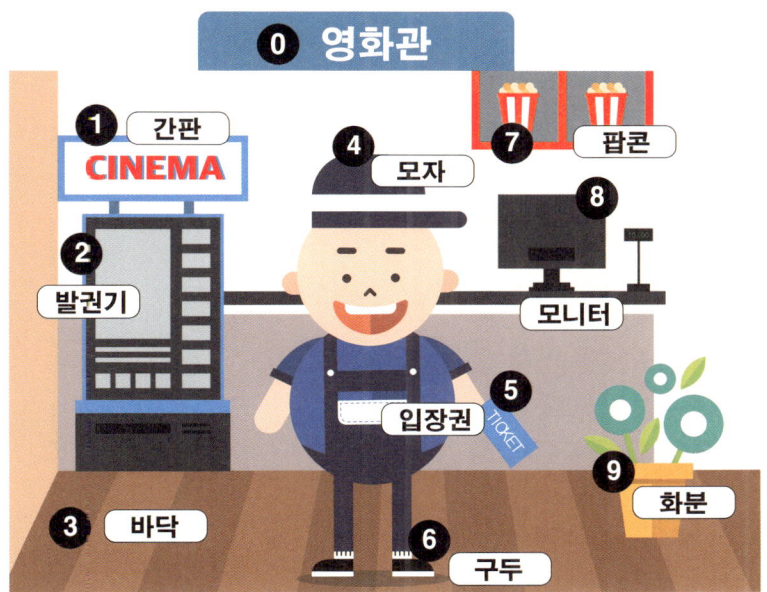

앞에서 본 기초장을 떠올리면서 아래에 한번 적어 볼까요?

0번		
1번	4번	7번
2번	5번	8번
3번	6번	9번

이제 여러분은 첫 번째 기초장 '0의 장'을 모두 기억한 것입니다. 이 그림이 바로 기억의 기초가 되는 구조이며, 여기에 단어들을 연상해 결합하고 기억하는 방식을 '기초 결합법'이라고 부릅니다.

앞서 배웠던 연속 결합법은 단어와 단어를 차례대로 연상해 기억하는 방법이었습니다. 이번에 배우게 될 기초 결합법은 기초 그림(이미지)과 단어를 연상 결합하고 기억하는 방식입니다. 그럼 이제 기초 그림을 활용해 기억할 단어들을 재미있게 연상해 보도록 하겠습니다.

10단어 기초 결합하기

0번 영화관에 황도 복숭아가 떨어졌어요.
1번 간판에 화살이 꽂혔어요.
2번 발권기를 염소가 뿔로 박살 내고 있어요.
3번 바닥에 물병이 떨어져 깨졌어요.
4번 모자 속에서 물고기가 헤엄치고 있어요.
5번 입장권을 양이 뜯어 먹고 있어요.
6번 구두는 황소 가죽으로 만들었어요.
7번 팝콘을 쌍둥이가 서로 많이 먹겠다며 다투고 있어요.
8번 집게발로 게가 모니터를 부수고 있어요.
9번 화분 속 꽃을 사자가 뜯어 먹고 있어요.

어떤가요? 억지로 외우려고 하지 않았는데도 상황과 장면만 떠올렸을 뿐인데, 벌써 10개의 단어를 모두 기억했어요. 자, 그럼 이제 방금 기억한 단어들을 기초 이미지와 함께 아래에 정리해 볼까요?

0번 영화관, 황도 복숭아		
1번 ,	4번 .	7번 ,
2번 ,	5번 ,	8번 ,
3번 ,	6번 ,	9번

이제 두 번째 기초장, '10의 장'을 기억해 볼 차례입니다. 이 장면들을 기억하면 기초가 20개가 되고, 기억할 수 있는 단어도 20개로 늘어나게 됩니다.

위의 '10의 장'을 보지 말고, 기억한 단어들을 아래에 정리해 볼까요?

10번		
11번	14번	17번
12번	15번	18번
13번	16번	19번

이제 기초장 10의 장에 10개의 단어들을 재미있게 연상 결합하여 기억해 볼까요?

10단어 기초 결합하기

10번 십자가를 처녀가 보고 있어요!

11번 기와에 커다란 저울이 올려져 있어요.

12번 벽돌 위에 무서운 전갈이 기어가고 있어요.

13번 문에 명찰이 달려 있어요.

14번 안경으로 사과가 날아와서 깨뜨려 버렸어요.

15번 책을 펼치면 멋진 지구 사진이 있어요.

16번 가방 속에서 뱀이 스르륵 나오고 있어요. 소름!

17번 양산 위로 소나기가 쏟아지고 있어요.

18번 스마트폰을 문어가 감싸고 있어요. 윽!

19번 치마에 맛있는 수박 무늬가 그려져 있어요.

조금 어렵게 느껴졌을 수도 있지만, 머릿속으로 장면만 떠올렸을 뿐인데 여러분은 이미 20개의 단어를 모두 기억하게 되었을 것입니다.

자, 위에서 연상 결합한 기초 이미지와 단어를 아래에 적어 볼까요?

10번 십자가, 처녀		
11번 .	14번 .	17번 .
12번 .	15번 .	18번 .
13번 .	16번 .	19번 .

이제 마지막 세 번째 기초장, '20의 장'을 기억해 보겠습니다.

이 장까지 알게 되면 기초가 30개가 되고, 기억할 수 있는 단어나 학습 내용도 30개로 늘어나게 됩니다.

앞의 '20의 장'을 보지 말고 기억한 단어들을 아래에 정리해 볼까요?

20번		
21번	24번	27번
22번	25번	28번
23번	26번	29번

위와 마찬가지로 '20의 장'의 10개 단어들을 재미있게 연상하고 결합해 아래에 정리해 볼까요?

10단어 기초 결합하기

20번 이불 가게에 불이 나서 소방차가 출동했어요.
21번 수건에 머리 핀이 꽂혀 있어요.
22번 가위로 색종이를 자르고 있어요.
23번 짚신을 신고 걸어가다 압정을 밟았어요.
24번 비닐봉지 안에서 얼음이 쏟아지고 있어요.
25번 상자를 열어보니 거미들이 우르르 쏟아져 나왔어요.
26번 손수레를 펭귄이 뒤뚱뒤뚱 끌고 가고 있어요.
27번 창문을 열자 공룡이 불쑥 튀어나왔어요.
28번 마루 위에 구슬이 굴러가고 있어요.
29번 강아지가 빗자루를 타고 하늘을 날고 있어요.

이처럼 기초 이미지에 단어를 연상 결합하는 방식으로, 복잡하거나 많은 내용도 훨씬 쉽게, 그리고 오래 기억할 수 있습니다.

자, 이제 방금 기억한 20의 장의 기초와 단어를 아래에 적어 보세요.

20번 이불집, 소방차		
21번 ,	24번 ,	27번 ,
22번 ,	25번 ,	28번 ,
23번 ,	26번 ,	29번 ,

기초 결합법이 생각보다 쉽고 재미있지 않나요?

여러분은 이미 기초 결합법을 활용해 30개의 단어를 순서대로 기억했습니다.

자, 다시 한번 기억한 단어들을 머릿속으로 천천히 떠올려 보고, 아래에 차례대로 적어 보세요.

0번 황도 복숭아	1번	2번	3번	4번
5번	6번	7번	8번	9번
10번	11번	12번	13번	14번
15번	16번	17번	18번	19번
20번	21번	22번	23번	24번
25번	26번	27번	28번	29번

놀랍게도 대브분 정확하게 기억해 낼 수 있었을 것입니다. 이제 한 가지 훈련을 더 해 보겠습니다. 지금 여러분은 기초 30개를 정확히 기억하고, 각 기초에 결합한 단어도 함께 기억하고 있습니다. 그렇다면 번호를 무작위로 제시해도, 해당 단어를 바로 떠올릴 수 있겠죠?

예를 들어, 20번이면 "소방차", 15번이면 "지구"라고 바로 적을 수 있어야 됩니다.

중요한 점은 위의 내용을 다시 보지 않고, 머릿속에 기억해둔 기초장을 떠올려 연상된 단어를 직접 생각해 내야 한다는 것입니다.

- 7번:
- 22번:
- 13번:
- 27번:
- 18번:
- 8번:
- 16번:

처음에는 머릿속에서 기초장들이 빠르게 떠오르지 않을 수도 있습니다. 하지만 조급해 하지 말고 천천히 생각해도 괜찮습니다. 꾸준히 연습을 하다 보면 점점 더 빠르고 자연스럽게 인출할 수 있게 됩니다. 가족들과 함께 30개의 단어를 기억하고, 무작위로 번호를 불러 단어를 맞히는 게임을 해 보세요. 이런 활동을 통해 부모님은 뇌인지 예비 용량을 늘려 치매를 예방하는 데 도움을 받고, 여러분은 집중력과 기억력, 사고력을 향상시킬 수 있습니다.

눈치가 빠른 분들은 이미 알아차렸을지도 모르겠네요. 방금 기억한 30개의 단어 중 0번부터 12번까지는 연속 결합법으로도 기억했던 황도 12궁 별자리였습니다. 이번에는 기초 결합으로 다시 기억해 본 것이죠.

0번은 황도 복숭아, 즉 황도 12궁,

1번은 화살이니 궁수자리

2번은 염소자리

3번은 물병자리….

이제 이해되었나요?

기억해야 할 내용이 많을 때는 무턱대고 외우려고 하기보다, 연속 결합법이나 기초 결합법을 활용해 보다 재미있고 효율적으로 기억해 보세요. 같은 내용을 두 가지 기억법으로 연습해 본 이유는, 기억법이 개인의 성향과 학습 내용에 따라 다르게 선택적으로 활용할 수 있기 때문입니다. 앞으로 많은 내용을 외울 일이 생기면 어떻게 하면 더 잘 기억할 수 있을지를 먼저 고민해 보세요.

자, 이제 마지막으로 실전 훈련을 해 볼까요? 기억법은 배우는 것만으로는 부족합니다. 축구를 배울 때도 코치 선생님이 "이렇게 드리블 하는 거란다." 하고 알려준다고 해서 바로 잘하게 되는 것은 아니죠. 스스로 반복해서 훈련해야 비로소 자신의 능력이 됩니다. 매일은 아니더라도, 일주일에 한 번 정도는 기초 결합법 훈련을 반복해 주기적으로 기억력을 다져 보세요.

자, 그럼 실전 훈련을 해 보겠습니다.

아래에 제시된 30개의 단어를 기초 결합하여 기억해 보세요.

0번 미사일	1번 오징어	2번 왕자	3번 태극기	4번 세탁기
5번 색연필	6번 지우개	7번 지렁이	8번 망치	9번 콜라
10번 풍선	11번 눈사람	12번 폭탄	13번 승용차	14번 야구공
15번 사진	16번 코알라	17번 가위	18번 사과	19번 페인트
20번 딸기	21번 비누	22번 가래떡	23번 스키	24번 구두
25번 동화책	26번 돌고래	27번 대통령	28번 풀	29번 고양이

기억한 30개의 단어를 하나씩 머릿속에서 꺼내 아래에 적어 보세요.

0번	1번	2번	3번	4번
5번	6번	7번	8번	9번
10번	11번	12번	13번	14번
15번	16번	17번	18번	19번
20번	21번	22번	23번	24번
25번	26번	27번	28번	29번

수고 많았습니다.

오늘은 '20의 장'까지 연습해 보았는데요. 100개의 기초까지 모두 익히고 싶다면 유튜브 채널 '뺍TV'의 영상을 참고하면 도움이 될 것입니다. 또한 기초 결합법을 활용해 12간지, 조선 27대 왕, 고려 왕조, 원주율 등 다양한 주제를 기억하는 영상도 함께 시청해 보길 권합니다. 일주일에 한 번씩 온 가족이 모여서 100개의 단어를 함께 기억하는 시간을 가져 보세요. 이와 같이 해마를 운동시키는 기초 결합법을 적극 활용해 보길 바랍니다.

③ 숫자는 이렇게 기억해 보세요

숫자나 연도 기억이 어렵다고 느낀 적이 있나요?

외워도 금세 잊어버리는 경우가 많죠?

많은 학생들이 공부할 때 숫자 외우는 것을 특히 어려워합니다. 그 이유는 숫자 자체에 특별한 의미가 없기 때문입니다. 그렇다면 숫자에 의미를 부여하고, 이미 알고 있는 단어와 연결해 기억하면 훨씬 쉽고 오래 기억할 수 있습니다. 이 방법을 '숫자 기억법'이라고 합니다. 숫자를 단어로 바꾸서 기억하는 방식이죠.

예를 들어, 918년, 왕건, 고려 건국을 기억해 볼까요? 숫자 변환법을 활용하면 이렇게 외울 수 있습니다.

"자기야, 왕건이 고려를 건국했대."

918년이 '자기야'로 변환되었기 때문에 훨씬 쉽게 떠올릴 수 있습니다. 계속해서 918년, 918년, 918년을 반복해서 외우는 것보다, 한 번에 '자기야'로 기억하는 편이 훨씬 수월하겠죠? 공부할 때 나오는 모든 숫자를 이런 방식으로 바꿔서 기억하면 훨씬 효과적입니다. 이제부터 설명하는 방법만 잘 이해하고 연습하면, 여러분도 숫자를 쉽고 재미있게 기억할 수 있습니다.

어렵지 않습니다. 누구나 배워서 활용할 수 있는 기억법입니다. 이미 초성 게임을 해 본 적이 있거나, 지금까지 연상 결합 훈련을 해 본 사람이라면 누구나 가능하니 걱정하지 마세요. 그럼 간단한 초성 게임을 해 볼까요?

'ㄷㄱㄷ' 하면 어떤 단어가 떠오르나요? '당구대', '돌기둥', '단국대' 등 여러 가지가 가능하죠.

하나 더 해 볼까요?

'ㅅㅇㄷ' 하면 '서울대', '스웨덴', '사이다'도 떠오를 수 있습니다.

바로 이런 방식입니다. 이 원리를 알면 숫자 기억법도 쉽게 이해할 수 있습니다. 이제 숫자를 초성으로 바꾸는 규칙만 익히면 됩니다. 어렵게 생각하지 마세요. 매우 간단하고 실용적인 방법입니다.

0 축구선수

1 구름

2 나무

3 돌

4 허리

5 무릎

6 발

7 산

8 음료수

9 잔디

위의 그림은 '숫자 변환의 장'이라고 부릅니다. 기초를 통해 숫자를 자음으로 바꾸는 규칙을 익히면, 숫자 기억이 훨씬 쉬워집니다. 잘 이해하고 연습해 두면, 평생 숫자 기억에 대한 고민은 없을 것입니다.

위의 '숫자 변환의 장'을 기억한 뒤 아래에 적어 보세요.

0번		
1번	4번	7번
2번	5번	8번
3번	6번	9번

자, 그럼 숫자 변환의 장이 어떻게 한글 자음으로 바뀌는지 알려 줄게요.

0번	첫 글자의 첫 자음이 'ㅊ'이니, 0번 → ㅊ
1번	첫 글자의 첫 자음 'ㄱ' 그리고 비슷한 자음인 'ㄲ', 'ㅋ', 1번 → ㄱ, ㄲ, ㅋ
2번	첫 글자의 첫 자음 'ㄴ', 2번은 → ㄴ
3번	첫 글자의 첫 자음이 'ㄷ', 그리고 비슷한 자음인 'ㄸ', 'ㅌ' 3번 → ㄷ, ㄸ, ㅌ
4번	**자음이 두 개예요. 4번 → ㅎ, ㄹ**
5번	첫 글자의 첫 자음이 'ㅁ', 비슷한 것이 없으니, 5번은 'ㅁ'
6번	첫 글자의 첫 자음이 'ㅂ' 그리고 비슷한 자음인 'ㅃ', 'ㅍ' 6번 → ㅂ, ㅃ, ㅍ
7번	첫 글자의 첫 자음이 'ㅅ' 그리고 비슷한 자음은 'ㅆ' 7번 → ㅅ, ㅆ
8번	첫 글자의 첫 자음이 'ㅇ', 8번 → ㅇ
9번	첫 글자의 첫 자음이 'ㅈ' 비슷한 자음은 'ㅉ', 9번 → ㅈ, ㅉ

어떤가요? 너므 간단하고 이해하기 쉽지 않나요?

그럼 '숫자 변환의 장' 기초가 어떻게 자음으로 변환되었는지 아래의 표로 확인해 보겠습니다.

0번 (ㅊ)		
1번 (ㄱ, ㄲ, ㅋ)	4번 (ㅎ, ㄹ)	7번 (ㅅ, ㅆ)
2번 (ㄴ)	5번 (ㅁ)	8번 (ㅇ)
3번 (ㄷ, ㄸ, ㅌ)	6번 (ㅂ, ㅃ, ㅍ)	9번 (ㅈ, ㅉ)

이렇게 되는 원리입니다. 어렵다고 생각하지 말고, 천천히 이해하면서 따라 해 보세요. 그럼 이제 작은 수부터 하나씩 변환해 볼까요?

37은 어떻게 변환할까요?

3은 '돌', 7은 '산'을 떠올릴 수 있으니, 대표 자음은 'ㄷ'과 'ㅅ'이 됩니다. 이 자음을 가지고 먼저 단어를 만들어 보세요. 만약 바로 적절한 단어가 떠오르지 않으면, 'ㄸ', 'ㅌ', 'ㅆ'과 같은 유사 자음도 함께 활용해 보면 좋습니다.

단어는? '도시', '도사', '독서' 등으로 변환됩니다.

하나 더 해 보겠습니다.

186은 어떻게 변환할까요?

각 숫자에 해당하는 자음은 'ㄱ', 'ㅇ', 'ㅂ'입니다. 이를 활용하면 '기억법', '거위밥', '거인발' 같은 단어들을 만들 수 있습니다. 이처럼 숫자를 단어로 바꿔 기억하는 방법이 숫자 기억법입니다. 이제 숫자가 어떻게 단어로 변환되는지 이해되었을 거예요. 그럼 아래에 제시된 숫자를 스스로 변환해 보세요. 처음에는 잘 되지 않을 수도 있지만, 급하게 하려고 하지 말고, 천천히 생각하며 차근차근 연습해 보세요.

단, 주의할 점이 있습니다. 숫자 4는 자음 'ㅎ' 또는 'ㄹ'로 변환된다고 배웠습니다. 따라서 단어로 만들 때는 두 자음 중 편한 것을 선택해 변환하면 됩니다.

숫자 변환 기법			
숫자	단어	숫자	단어
108	ㄱㅊㅇ(기차역)	42	
53		356	
372		373	
427		503	
612		676	

네, 수고했습니다.

변환이 잘 되는 숫자도 있지만, 잘 되지 않는 숫자도 분명이 있을 수 있습니다. 여러분만 그런 게 아닙니다. 누구나 처음에는 어렵게 느끼기 마련이니 걱정하지 마세요. 중요한 것은 일상생활 속에서 연습하는 것입니다.

예를 들어, 차를 타고 이동하면서 차량 번호를 변환해 보거나 상점의 전화번호를 숫자 기억법으로 바꾸어 보는 식으로, 숫자를 접할 때마다 연습해 보세요. 이런 반복 연습은 숫자 기억법을 익히는 데에만 도움이 되는 것이 아니라, 기억력과 사고력 향상에도 큰 효과를 줍니다. 앞으로도 꾸준히 연습하며 숫자에 대한 자신감을 키워 나가 보세요.

이제 여러분이 변환한 단어들을 함께 비교해 볼까요?

숫자 변환 기법			
숫자	단어	숫자	단어
108	기차역	42	하늘
53	마당	356	도마뱀
372	도사님	373	독서대
427	하늘색	503	미쳤다
612	바구니	676	보슬비

직접 비교해 보니 어떤가요?

변환된 단어는 각자의 경험과 지식에 따라 달라질 수 있습니다. 하지만 중요한 것은 숫자를 단어로 변환했다는 사실입니다.

위에서 변환한 숫자는 모두 역사적 사건이 일어난 연도였습니다. 이제 숫자 변환법이 역사적 사건과 어떻게 연상 결합해 기억되는지도 살펴보겠습니다.

1	기원전 108년 고조선 멸망 → '기차역'에서 '단군왕검'을 발견했어요.
2	42년 금관가야 건국 → '하늘'에 금관이 떠다니고 있어요.
3	53년 태조왕 즉위 → '마당'에서 태조왕 즉위식이 열리고 있어요.
4	356년 신라, 내물왕 즉위 → '도마뱀'이 신라면을 선물로 주고 있어요.
5	372년 불교 수용 → '도사님'이 스님이 되었어요.
6	373년 율령 반포 → '독서대'에서 법을 읽고 있어요.
7	427년 고구려 평양 천도 → '하늘색'의 맑은 날 고구려가 평양으로 이사했어요.
8	503년 신라, 국호와 왕호 사용 → 신라가 국호와 왕호를 사용해 '미쳤다'는 말을 들었어요.
9	612년 살수 대첩 → '바구니' 속에서는 살 수 없어요.
10	676년 삼국 통일 → '보슬비'가 내리는 날 삼국이 통일되었어요.

이렇게 연상하면서 기억하는 것이 중요합니다.

기억은 단순한 암기가 아니라, 생각하고 연상하며 반복해서 저장하는 과정입니다. 이 과정을 거치면 훨씬 더 쉽고 빠르게, 그리고 오래 기억할 수 있습니다. 지금까지는 2~3자리 숫자만 변환해 보았습니다. 이번에는 4자리 숫자를 변환해 보겠습니다. 4자리 숫자는 하나의 단어로 바꾸는 것이 가장 효과적입니다. 하지만 하나의 단어로 만들기 어렵다면, 두 개의 단어로 나누어 변환해도 괜찮습니다.

예를 들어,

- **1388년 위화도 회군**
  → 1388년은 '감동이야'로 변환할 수 있습니다.
  → "위화도 회군한 건 정말 감동이야."라고 기억해 보세요.

- **1519년 기묘사화**
  → 1519년은 '거미'와 '과자'라고 바꿀 수 있습니다.
  → "거미 과자를 먹고 관료들이 배탈이 났어.'처럼 연상해 보세요.

- **1948년 대한민국 정부 수립**
  → 1948년은 '큰 지렁이'로 변환됩니다.
  → "대한민국 정부가 수립된 날, 큰 지렁이들이 나왔어."라는 방식으로 기억할 수 있습니다.

처음에는 쉽게 변환되는 숫자도 있지만, 잘 안 되는 숫자도 분명 있을 것입니다. 그럴 때는 억지로라도 단어를 만들어 보세요. 말도 안 되고 웃기더라도 괜찮습니다. 이런 과정을 반복하면 점점 더 빠르게 바꿀 수 있게 되고, 기억력도 자연스럽게 향상됩니다.

❹ 단어 축약법과 암기송으로 기억해 보세요

여러분이 전쟁 게임을 하고 있다고 상상해 보세요. 무기가 하나뿐이라면 승리하기 어렵겠죠? 기억도 마찬가지입니다. 기억하는 방법이 하나뿐이라면 어려울 수 있지만, 다양한 방법을 알고 있다면 훨씬 유리합니다. 학습 내용에 따라 여러 가지 기억법을 활용할 수 있다면, 기억은 결코 어려운 일이 아닙니다.

이번에는 또 다른 기억 방법인 단어 축약법과 암기송에 대해 알아보겠습니다.

'단어 축약법'이라는 말을 들으면 어렵게 보일 수 있지만, 사실 여러분은 이미 알고 있거나 사용하고 있을 지도 모릅니다.

단어 축약법이란 기억해야 정보의 첫 글자만 따서 하나의 단어나 짧은 어구처럼 만들어 기억하는 방법입니다. 예를 들어,

---

삼국 동맹: 독일, 오스트리아 · 헝가리 제국, 이탈리아 → '독오이'
삼국 협상: 영국, 프랑스, 러시아 → '영프러'

어렵지 않죠? 이미 알고 있던 방식일 수도 있습니다.

하지만 여기서 중요한 점은, 단어만 외우는 것이 아니라 그 의미까지 함께 이해하고 축약해야 한다는 것입니다. 이해 없이 '독오이'라고만 기억하고, '이'가 어떤 나라인지 헷갈리거나 모른다면 기억이 왜곡되거나 혼란을 줄 수 있으므로, 반드시 내용을 충분히 이해한 후 축약법을 사용해야 합니다. 단어 축약법의 대표적인 예시가 바로 12간지입니다. '자축인묘진사오미신유술해'처럼 많이 외웠을 것입니다.

그럼 이제 단어 축약법을 활용할 수 있는 다양한 예시를 함께 살펴보겠습니다.

대기권의 종류

대류권, 성층권, 중간권, 열권

'대성중열' 또는 '열중성대'처럼 줄여서 외우면 훨씬 쉽습니다.

여러 나라의 성장 순서

부여, 고구려, 옥저, 동예, 마한, 변한, 진한

위에서 아래로 흐름을 잡아 '부고옥동마변진'이라고 외워 보세요.

기본권의 종류

자유권, 평등권, 참정권, 사회권, 청구권

'자평참사청'이나 '청자참사평'처럼 배열을 바꿔 자신에게 익숙한 순서로 외우면 좋습니다.

어떤 학습 내용이든 먼저 이해한 뒤, 각 단어의 첫 글자만을 활용해 재미있게 기억하는 것이 효과적입니다. 이 단어 축약법을 조금만 응용하면, 여러 학습 내용을 하나의 이야기로 엮어 기억하는 스토리텔링 기억법으로도 확장할 수 있습니다.

소수림왕의 업적

불교 수용, 율령 반포, 태학 설립

'소수점이 이마에 찍힌 스님이 법을 어겨서 퇴학을 당했다.' 이런 식으로 유사의 미나 유사음을 엮어 재미있는 이야기로 만들어 보세요. 단어 축약법의 큰 장점은 꼭 외워야 할 학습 내용을 하나로 묶어 기억하기 좋다는 것입니다.

여러 나라의 제천 행사

부여: 영고 / 고구려: 동맹 / 동예: 무천

이렇게 짝을 맞춰 기억하면, 학습 내용끼리 서로 섞이지 않겠죠.

부여: 영고 → **부영**   고구려: 동맹 → **고동**   동예: 무천 → **동무**

이번에는 '원소의 불꽃색 반응'을 묶어서 기억해 보겠습니다.

원소의 불꽃색 반응

나트륨: 노란색, 리튬: 빨간색, 스트론튬: 빨간색, 구리: 청록색, 칼슘: 주황색

나트륨: 노란색 → **나노**
리튬: 빨간색 → **리빨**
스트론튬: 빨간색 → **스빨**
구리: 청록색 → **구청**
칼슘: 주황색 → **칼주**

이처럼 단어 축약법을 활용하면 학습 내용이 서로 섞이지 않고 명확하게 구분되어 기억할 수 있습니다. 기억해야 할 내용이 많거나 복잡하더라도, 단어 축약법을 사용하면 훨씬 쉽고 재미있게 외울 수 있습니다.

이제 암기송을 만들어 볼까요? 암기송은 앞에서 배운 단어 축약법에 음률을 붙여 외우는 방법입니다. 학습 내용이 적을 때는 단어 축약법으로, 기억해야 할 내용이 많을 때는 암기송을 활용하는 것이 효과적입니다.

다음은 우리나라 산맥을 기억해 보겠습니다.

우리나라 산맥

강남산맥, 적유령산맥, 묘향산맥, 언진산맥, 멸악산맥,
마식령산맥, 광주산맥, 차령산맥, 노령산맥, 소백산맥,
낭림산맥, 마천령산맥, 함경산맥, 태백산맥

기억해야 할 산맥이 무려 14개나 됩니다. 이걸 외워야 한다면 벌써부터 답답하겠죠? 그래서 암기송을 만들어 보는 것입니다. 우선 산맥 이름의 첫 글자를 적어 봅니다.

강, 적, 묘, 언, 멸, 마, 광, 차, 노, 소, 낭, 마, 함, 태

이 글자들을 잘 아는 동요나 K-POP, 랩, 팝송 멜로디에 맞춰서 불러 보세요.

처음부터 잘 어울리는 노래가 떠오르지 않아도 괜찮습니다. 이 노래 저 노래를 넣어 보고, 정말 맞지 않으면 직접 멜로디를 만들어서 불러 보아도 좋습니다. 고민 끝에 '작은 별' 동요를 활용해 암기송을 만들어 보았습니다.

반짝반짝 / 작은별 / 아름답게 / 비치네
강적묘언 / 멸마광 / 차노소낭 / 마함태

이렇게 여러 번 반복해서 불러 보세요. 처음에는 마치 외계어처럼 들릴 수도 있지만, 여러 번 반복하다 보면 쉽게 기억됩니다. 혼자 있을 때, 길을 걸을 때, 화장실이나 샤워 중에 속으로 불러 보세요. 그러면 뇌의 해마가 중요한 정보라고 인식해 장기 기억으로 저장해 줄 것입니다. 이제 하나 더, 암기송을 만들어 보겠습니다.

원소기호 20개

수소, 헬륨, 리튬, 베릴륨, 붕소, 탄소, 질소, 산소,
플루오린, 네온, 나트륨, 마그네슘, 알루미늄, 규소, 인,
황, 염소, 아르곤, 칼륨, 칼슘

이번에는 원소기호를 기억해 보겠습니다. 글자 수가 많고 복잡해 외우기 어려운 내용이죠. 이런 경우에는 암기송으로 만들어 보는 것이 가장 효과적입니다.

먼저 원소기호의 첫 글자를 적어 봅니다.

'수헬리베붕탄질산플네'
'나마알규인황염아칼칼'

그리고 여기에 잘 어울리는 멜로디를 생각해 봅니다. 혹시 어릴적 들었던 '뽀뽀뽀'라는 동요를 기억하시나요? 이 노래에 맞춰 암기송을 만들어 보았습니다.

아빠가 / 출근할때 / 뽀뽀뽀
수헬리 / 베붕탄질 / 산플네
엄마가 / 안아줘도 / 뽀뽀뽀
나마알 / 규인황염 / 아칼칼

이렇게 주기율표를 암기송으로 반복해서 부르면, 시각적 기억과 청각적 기억을 동시에 활용할 수 있어 매우 효과적입니다. 이제 암기송 만드는 것에 조금 익숙해 졌으니, 좀 더 복잡한 내용을 대상으로 암기송을 만들어 볼게요.

이번에는 광물과 그 이용 방법을 기억해야 하는 내용입니다. 광물 이름을 외우는 것뿐 아니라, 각 광물이 어떻게 활용되는지도 정확히 기억해야 하므로 많은 학생들이 어려워합니다. 이럴 때에도 암기송을 활용하면 내용이 잘 섞이지 않고 오랫동안 기억할 수 있습니다. 우선 첫 글자를 순서대로 정리해 봅니다.

광물의 이용			
광물	이용	광물	이용
석영	유리, 반도체	금	보석, 항공
점토	종이, 도자기	흑연	윤활제, 연필심
금강석	연마제, 드릴, 보석	방해석	시멘트, 토양 첨가제
장석	도자기, 세라믹 유약	강옥	연마제, 보석 (루비, 사파이어)

'석유반금보항점종도흑윤연'
'금연드보방시토장도세강연보'

이번에는 '산트끼' 동요 멜로디에 맞춰 암기송을 만들어 보았습니다.

산토끼 / 토끼야 / 어디를 / 가느냐
석유반 / 금보항 / 점종도 / 흑윤연
깡충깡충 / 뛰면서 / 어디를 / 가느냐
금연드보 / 방시토 / 장도세 / 강연보

어때요? 생각보다 잘 어울리죠? 만약 이 내용을 주입식으로 암기하려 했다면, 오랜 시간이 걸리고 내용이 섞여 다시 외워야 했을 것입니다. 하지만 암기송을 활용하면 짧은 시간에 효과적으로 기억할 수 있고, 오랫동안 유지할 수 있습니다. 암기송을 만드는 데 다소 시간이 걸릴 수는 있지만, 장기적으로 보면 주입식 암기보다 훨씬 효율적인 공부 방법입니다.

8

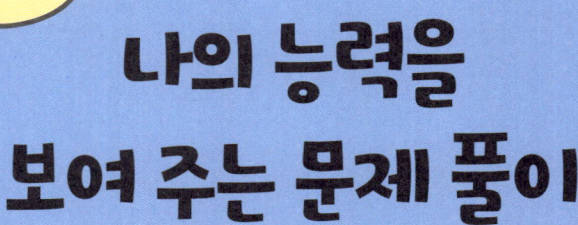

나의 능력을
보여 주는 문제 풀이

TIMETABLE

문제 풀이는 병원에서 진료를 받는 것과 비슷합니다. 의사 선생님이 진료하고, 처방하는 것처럼, 문제 풀이도 내가 공부한 내용을 점검하는 진료의 과정이고, 오답을 정리하여 완전한 지식으로 만드는 과정은 '치료'와 '처방'의 단계라고 할 수 있습니다.

1 Output이 중요한 이유

공부 후에는 반드시 관련 문제를 풀어봐야 합니다. 이렇게 하면 학습한 내용을 실제 상황에 적용하며 이해를 확실히 다지고, 암기한 내용을 장기 기억으로 전환하는 데 효과적입니다. 또한, 문제 풀이를 통해 부족한 부분이나 헷갈리는 개념을 즉시 확인하고 보완할 수 있어 학습 효율을 크게 높일 수 있습니다.

우리가 예습을 하고, 학교나 학원 수업을 잘 듣고, 복습하는 모든 과정은 'Input', 즉 입력의 과정입니다. 하지만 모든 시험은 'Output'으로 출력하죠. 그런데 많은 학생이 Input만을 중요하게 여기며 많은 시간을 투자하고, 정작 Output을 소홀히 한다는 점이 문제입니다. 공부와 기억의 과정은 이해 → 사고 → 저장 → 인출의 네 단계로 이루어집니다. 그런데 대부분 학생은 이해, 사고, 저장까지만 하고 오늘의 공부를 끝냈다고 생각합니다. 이는 잘못된 공부 방식입니다. 오늘 공부를 열심히 했다면 반드시 Output, 즉 인출의 과정을 통해 공부를 마무리해야 오래 기억할 수 있습니다. 또한 잘못된 개념을 바로잡고, 새로운 지식을 자기 것으로 만들 수 있습니다. 그렇다면 Output을 잘하는 효과적인 방법을 하나씩 살펴보겠습니다.

❶ 문제집 선택이 중요합니다

공부의 마지막 단계는 인출이며, 이 인출 활동을 편리하게 도와주는 도구가 바로 문제집입니다. 그러나 문제집을 사 놓고 풀지 않거나, 풀고도 채점하지 않거나, 채점은 했지만 오답을 방치하는 학생들이 많습니다. 왜 그럴까요? 문제 풀이가 어렵거나 귀찮을 수도 있지만, 사실 자신에게 맞지 않는 문제집을 선택했기 때문일 수도 있습니다. 자신에게 맞는 문제집을 선택하면 올바른 공부 습관과 방법이 잡히고, 성적도 자연스럽게 향상됩니다.

1. 교과서 출판사와 같은 문제집을 선택하세요

기본서는 되도록 교과서 출판사와 같은 문제집을 선택하는 것이 좋습니다. 문제 풀이의 목적은 내가 공부한 내용을 점검하는 데 있기 때문입니다. 공부하지 않은 내용이나 처음 보는 그림, 사진, 도표 등이 문제로 출제되면 오답률이 높아질 수 있습니다.

이런 상황에서는 "이거 배운 적이 없어.", "공부한 내용은 없네.", "열심히 공부 해도 다 틀리네."라는 생각이 들어 공부에 대한 흥미를 잃기 쉽습니다. 이런 부정 적인 경험을 피하기 위해서는 문제 풀이의 기본서는 반드시 교과서와 같은 출판사 의 문제집을 선택하는 것이 바람직합니다.

2. 자신의 수준에 맞는 문제집을 선택하세요

공부를 잘하고 싶어 반에서 1등하는 친구가 풀고 있는 문제집을 그대로 따라 구 매하는 경우가 있습니다. 하지만 그 문제집이 과연 나에게도 맞을까요? 기본서도 제대로 보지 않은 상태에서 심화 문제집을 풀면 당연히 어려워서 짜증만 날 수 있 습니다. 너무 쉬운 문제집은 실력 향상에 도움이 되지 않고, 너무 어려운 문제집은 자신감을 떨어뜨립니다. 따라서 여러 문제집을 직접 살펴본 후, 현재 자신의 실력 보다 약간 높은 난이도의 문제집을 선택하는 것이 좋습니다.

3. 해설이 충실한 문제집을 선택하세요

많은 학생들이 문제집을 고를 때 개념 정리나 문제 난이도만 확인합 니다. 그러나 반드시 정답지와 해설 의 질도 함께 확인해야 합니다. 특히 혼자 공부할 때 문제를 틀렸다면, 해 설을 통해 그 이유를 명확히 이해해

야 실력을 쌓을 수 있습니다. 좋은 해설은 다양한 풀이 방법을 제시해, 문제 해결력도 높여 줍니다. 해설이 없거나 이해하기 어려운 문제집은 오히려 독이 될 수 있습니다. 또 정답지를 잃어버려 채점을 바로 하지 못하는 학생들이 많습니다. 채점 후 오답 정리를 했다면 정답지를 잘 보관하세요.

4. PDF 파일을 활용할 때는 신중히 고려하세요

많은 학생들이 태블릿을 활용해 PDF 문제집으로 공부합니다. 여러 권의 문제집을 들고 다니지 않아도 되고, 언제 어디서든 편리하게 공부할 수 있어 선호도가 높습니다. 그러나 단점도 분명히 존재합니다. 시험은 종이 시험지로 치르는데, 평소 공부는 태블릿으로만 한다면 시험 환경과 큰 차이가 생길 수 있습니다. 또한 공부 중 메시지나 알람이 오면 집중력이 쉽게 흐트러질 수 있습니다. PDF 문제집은 체크나 필기가 소홀해지기 쉽고, 채점 후 오답 정리를 하지 않는 경우도 많아집니다. 이런 습관으로 나쁜 문제 풀이 습관이 만들어 질 수 있습니다.

PDF 문제집은 눈의 피로가 쉽게 쌓이고 자유롭게 필기하거나 오답 정리가 어려운 점을 고려하면, 다소 무겁고 번거롭더라도 종이 문제집을 활용하는 것이 오히려 실보다 득이 많습니다.

5. 문제집을 활용하는 태도가 중요합니다

여러 권을 다 충 풀기보다는, 한 권을 꼼꼼하게 여러 번 푸는 것이 훨씬 효과적입니다. 요즘 문제집은 색감, 글씨 크기, 사진, 도표 등을 잘 구성해 충분히 혼자서도 학습할 수 있도록 제작되어 있습니다.

요약정리도 보지 않고 문제를 풀

거나, 채점조차 하지 않고 넘기거나, 오답 정리를 전혀 하지 않는 태도는 반드시 고쳐야 합니다. 문제집을 세 권이나 풀었는데도 성적이 더 떨어졌다면, 문제는 '양'이 아니라 '방법'에 있습니다. 욕심을 내어 여러 권을 풀기보다, 자신의 수준에 맞는 한 권의 문제집을 여러 번 정성껏 푸는 것이 훨씬 더 효과적인 공부법입니다. 결국 어떤 문제집을 선택했느냐보다, 그 문제집을 어떻게 활용하느냐가 더 중요합니다.

② 잘못된 문제 풀이 습관들

문제 풀이는 자신이 공부한 내용을 점검하고 기억하기 위해 하는 활동입니다. 그러나 잘못된 방법으로 문제를 풀어 성적이 오르지 않는 학생들도 많습니다. 다음 항목 중 하나라도 해당되는 것이 있다면, 즉시 문제 풀이 방식을 바꾸는 것이 좋습니다.

1. 채점을 하지 않는 학생

초등학교 시절에는 부모님이나 학원 선생님이 채점을 해 주는 경우가 많아 스스로 채점하는 습관이 부족할 수 있습니다. 하지만 스스로 채점을 해야 내가 아는 것과 모르는 것을 구분할 수 있습니다. 문제를 풀었다면 반드시 바로 채점하세요.

2. 눈으로 푸는 학생

자세를 삐딱하게 하고 문제를 눈으로만 읽고 체크만 하는 경우가 있습니다. 눈으로만 풀면 실수가 많고, 문제의 함정에 빠지기 쉽습니다. 반드시 기호로 표시하면서 풀도록 하세요.

3. 오답 정리를 하지 않는 학생

틀린 문제는 내가 잘못 이해하거나 기억한 부분을 보여 줍니다. 그런데 채점만 하고 문제집을 덮어버리면 부족한 부분을 어떻게 보완할 수 있을까요? 반드시 오답 정리를 통해 약점을 보완해야 합니다.

4. 풀이한 문제집을 다시 보지 않는 학생

많은 학생들이 문제집을 한 번 풀면 다시는 보지 않습니다. 하지만 이미 푼 문제집은 나의 공부 흔적이 담긴 소중한 자산입니다. 최소한 주말마다 한 번씩 오답을 다시 살펴보며 기억을 점검하고 개념을 바로잡는 것이 중요합니다.

'꺼진 불도 다시보자.'는 말처럼, 풀어 본 문제집도 다시 보는 자세가 필요합니다.

5. 문제집을 아예 풀지 않는 학생

문제집을 사 놓고서 풀지 않는 경우가 있습니다. 이는 대개 수업을 제대로 듣지 않았거나, 개념을 이해하지 않았기 때문입니다. 이해하지 못하니 문제 풀이가 어렵고, 오답이 많아져 문제를 풀고 싶은 의욕조차 사라지는 것입니다. 예를 들어, 아랍어를 전혀 배우지 않은 상태에서 아랍어 문제집을 푼다고 생각해 보세요. 풀 수 없겠죠. 문제 풀이가 어렵게 느껴진다면, 먼저 수업을 잘 듣고 개념을 제대로 이해하는 것이 선행되어야 합니다.

2 공부의 꽃은 문제 풀이입니다

> 올바른 문제 풀이 과정을 익히면 사고의 흐름이 체계화되어 다양한 문제 상황에서도 응용할 수 있는 능력이 길러집니다. 이를 통해 실수를 줄이고 문제 해결 속도와 정확성을 동시에 높일 수 있습니다.

공부의 꽃은 문제 풀이죠!

아무리 새벽 늦게까지 열심히 공부하고 쉬는 시간 없이 집중했는데, 문제 풀이 과정에서 공부한 내용을 제대로 떠올리지 못하거나 실수한다면 정말 속상할 수밖에 없습니다. 더욱 안타까운 것은 단 한 문제 때문에 등급이 떨어지거나 1등을 놓치는 경우입니다. 그래서 문제 푸는 방법이 매우 중요합니다. 문제 풀이 방법이 좋으면 완벽하게 알지 못하더라도 정답을 찾을 수 있습니다. 반대로 문제 풀이 방법이 부족하면 아무리 개념을 정확히 알고 있어도 오답을 낼 수 있습니다.

또한 공부를 마친 뒤 문제를 풀기 싫어하는 학생들이 많은데, 그 이유 중 하나는 문제 풀이를 '테스트'로만 인식하기 때문입니다. 하지만 문제 풀이는 테스트가 아닙니다. '복습'이자 '반복 학습'이며, '나의 부족한 점을 채워 주는 과정'입니다.

"문제를 풀어 보니 더 많은 내용을 알게 되었어요."라는 마음으로, 실수 없이 문제를 풀고 다양한 지식을 내 것으로 만들기 위해 열심히 연습해야 합니다.

1 실수 없는 문제 풀이

"앗, 실수했어요."

"아는 내용인데 틀렸어요."

"조금만 더 생각했으면 맞출 수 있었는데."

시험을 보고 나면 이런 말을 자주 하게 됩니다. 지난 시험에서 실수로 틀렸거나, 조금만 더 생각했으면 맞출 수 있었던 문제가 몇 개나 있었는지 떠올려 보세요.

한 문제였나요? 두 문제였나요?

성적을 빠르게 올리는 가장 효과적인 방법은 새벽까지 공부하는 것이 아니라, 실수를 최대한 줄이거나 없애는 것입니다. 과목당 한 문제를 실수하면 평균 3점을 잃게 되고, 두 문제를 실수하면 6점을 잃습니다. 평균 6점은 결코 작은 점수가 아닙니다. 지금부터라도 실수 없는 문제 풀이 방법을 익히는 것이 중요합니다.

1. 정답은 마지막에 찾으세요

성급하게 먼저 정답을 덥석 고르다가 실수하거나 보기항 3번이 가장 옳다고 생각했는데, 사실은 보기항 5번이 더 정확해서 틀린 경험도 있지 않나요? 그래서 정답을 처음부터 단정 짓지 말고, 정답이 아닌 보기항들을 하나씩 제거하면서 마지막에 정답을 선택하라고 이야기하는 것입니다. 아래의 문제를 한 번 풀어 보세요.

예

여러분의 엄마에 대한 설명 중 가장 옳은 것은?
 ① 흑인   ② 백인   ③ 여자   ④ 남자   ⑤ 유부녀

여러분의 문제 풀이 능력을 점검해 보기 위한 문제입니다. 잘 고민해 보세요.
(꼭 문제를 풀어 본 뒤 다음 글을 읽으세요.)

<풀이>

① 흑인이 아니므로 제외   ② 백인도 아니므로 제외
③ 여자인 것은 맞지만 보류   ④ 남자가 아니므로 제외
⑤ 유부녀일 가능성이 높음

많은 학생이 ③번을 고릅니다. ③번도 틀린 말은 아니지만, 문제의 조건은 '가장 옳은 것'을 고르라고 했습니다. ⑤번의 유부녀는 '결혼한 여성'이므로 문제의 조건에 더 정확히 부합하기 때문에 정답은 ⑤번입니다.

이처럼 정답을 성급하게 고르지 말고, 정답이 아닌 보기항을 하나씩 제거한 뒤 마지막에 선택하는 것이 좋습니다.

이런 유형의 문제는 실제 시험에서도 자주 등장합니다. 답을 마지막에 선택하면 실수를 줄일 수 있고, 완벽히 알지 못하는 내용도 올바르게 정답을 찾아낼 수 있습니다.

2. 끝까지 읽고, 보기항 뒤에 OX로 표시하세요

다음 문장을 읽고 참인지 거짓인지 판단해 보세요.

예시

대한민국 생태수도 일류 순천은 도시 전체가 공원이며, 순천만국가정원이 있는 아름다운 섬이다.

'대한민국'부터 '아름다운'까지는 참이지만, 마지막 '섬'이라는 한 글자 때문에 전체 문장이 거짓이 됩니다. 출제자는 앞부분을 맞는 내용으로 쓰고 끝에서 정답의 방향을 바꿔 실수를 유도합니다. 그래서 보기항을 끝까지 읽고, 참이면 O, 거짓이면 X로 표시하는 습관이 필요합니다.

■ 다음 문장을 끝까지 읽고, OX로 표시해 보세요.

> 1) 아이유는 노래도 잘하고, 연기도 잘하는 남자이다.
> 2) 세계의 바다는 태평양, 대서양, 인도양, 남극해, 지중해로 구분할 수 있다.
> 3) 아시아의 나라는 한국, 중국, 일본, 이란, 사우디아라비아 등이 있다.
> 4) 축구는 손과 팔 부위를 공에 닿지 않게 하면서, 주로 발을 이용해 공을 상대 골대에 넣어 점수를 얻고, 합산한 점수의 우열로 승패를 가리며 10명이 경기에 임하는 구기 스포츠이다.

왜 보기항의 끝까지 읽고 OX로 표시해야 하는지 이해되었을 것입니다.

추가 팁 하나를 더 드리자면, 문제에 '옳은 것을 고르시오.'라고 되어 있으면 네 개의 보기항에 먼저 X표를 해 놓고 마지막에 O를 찾으세요. 반대로 '옳지 않은 것을 고르시오.'라면 네 개의 보기항에 O를 하고, 마지막에 X를 찾는 방법이 좋습니다. 이렇게 하면 실수를 줄이고 정확하게 답을 찾을 수 있습니다.

■ **정답** : 1) X, 2) X, 3) O, 4) X

❷ 한 문제를 풀지만, 두세 문제를 푼 효과

시험 준비를 할 때 문제를 단순히 한 번 풀고 채점하는 것보다, 한 문제를 풀면서도 두세 문제를 푼 효과를 내는 방법이 있습니다. 정답을 맞히는 데 그치지 않고, 문제 풀이를 통해 반복 학습과 약점을 파악할 수 있는 전략입니다.

1. 보기항을 고쳐 가며 문제를 풀어 보세요

정답만 적거나 O X 표시만 하는 대신, 출제된 보기 중 틀린 부분을 스스로 고쳐 보는 방식으로 풀어 보세요. 이 과정에서 본인의 지식을 점검하고 모르는 부분은 바로 확인해 보완할 수 있습니다.

> **예시 문제**
>
> **1. 국회의 구성과 조직에 대한 설명으로 옳은 것은?**
> ① 국회는 임기 5년의 국회의원으로 구성된다.
> ② 헌법은 국회의원 수를 200인 미만으로 규정하고 있다.
> ③ 국회의원은 지역구 국회의원과 정당대표 국회의원이 있다.
> ④ 국회는 효율적인 심사를 위해 상임위원회와 특별위원회를 둔다.
> ⑤ 국회의장 1명과 부의장 2명은 국회의원 중에서 국회 출석 의원 과반수의 득표로 선출된다.

이 문제는 '국회에 대한 설명 중 옳은 것을 고르시오.'라는 조건입니다. 정답은 하나이고, 나머지 네 개는 틀린 내용입니다. 정답을 바로 고르기보다 틀린 보기항를 하나씩 고쳐 가며 문제를 풀어 보세요.

<풀이 예>

①번 국회의원 임기가 5년으로 되어 있는데, 실제로는 4년입니다. 따라서 '5년'에 X를 하고 '4년'이라고 적습니다.

②번 국회의원 수를 '200인 미만'이라고 했지만, 헌법에서는 '200인 이상'으로 규정하고 있습니다. '미만'에 X를 '이상'이라고 적습니다.

③번 '정당대표 국회의원'이라는 표현은 잘못되었고, '비례대표 국회의원'이 맞습니다. '정당대표'에 X를 하고 '비례대표'라고 고칩니다.

④번 정답으로 보일 수 있지만, 반드시 ⑤번도 함께 확인한 후 최종 선택해야 합니다.

⑤번 국회의장과 부의장은 '출석 의원 과반수의 득표'가 아니라 '재적 의원 과반수의 득표'로 선출됩니다. '출석 의원'에 X를 하고 '재적 의원'이라고 적고, 최종적으로 4번으로 선태하면 됩니다. 따라서 최종 정답은 ④번입니다.

틀린 보기항을 올바르게 고쳐가며 문제를 풀면 문제 풀이에서 실수를 줄일 수 있고, 반복 학습의 효과를 높이며 자신의 약점도 보완할 수 있습니다.

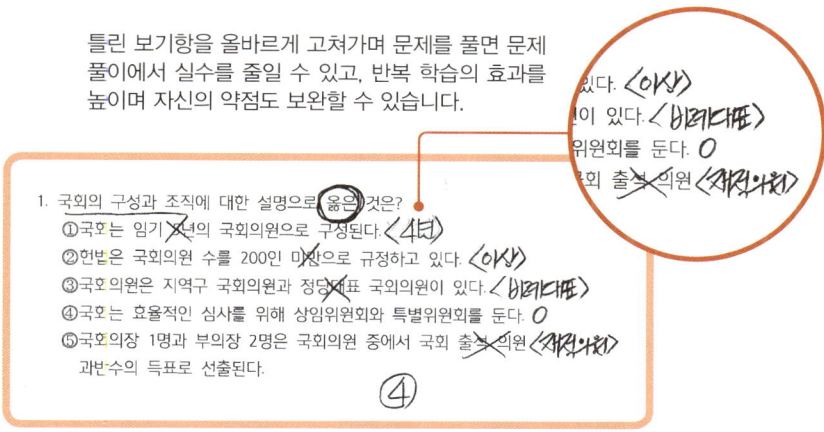

이렇게 문제를 풀면 한 문제를 푸는 동안에도 다양한 내용을 점검할 수 있어 여러 문제를 푼 효과를 얻을 수 있습니다. 앞으로 꼭 이 방법을 활용해 보세요.

2. 알고 있는 지식을 적어 가면서 문제를 풀어 보세요

한 문제를 풀 때 백지 노트를 쓴다는 생각으로 내가 알고 있는 모든 내용을 문제

위에 적어 보세요. 시간이 조금 걸릴 수 있지만, 기억을 점검하고 확장하는 데 매우 효과적입니다.

"단순하게 30문제를 풀래요?"
"꼼꼼하게 10문제를 풀래요?"

꼼꼼하게 10문제를 푸는 쪽이 훨씬 깊이 있는 학습이 됩니다.

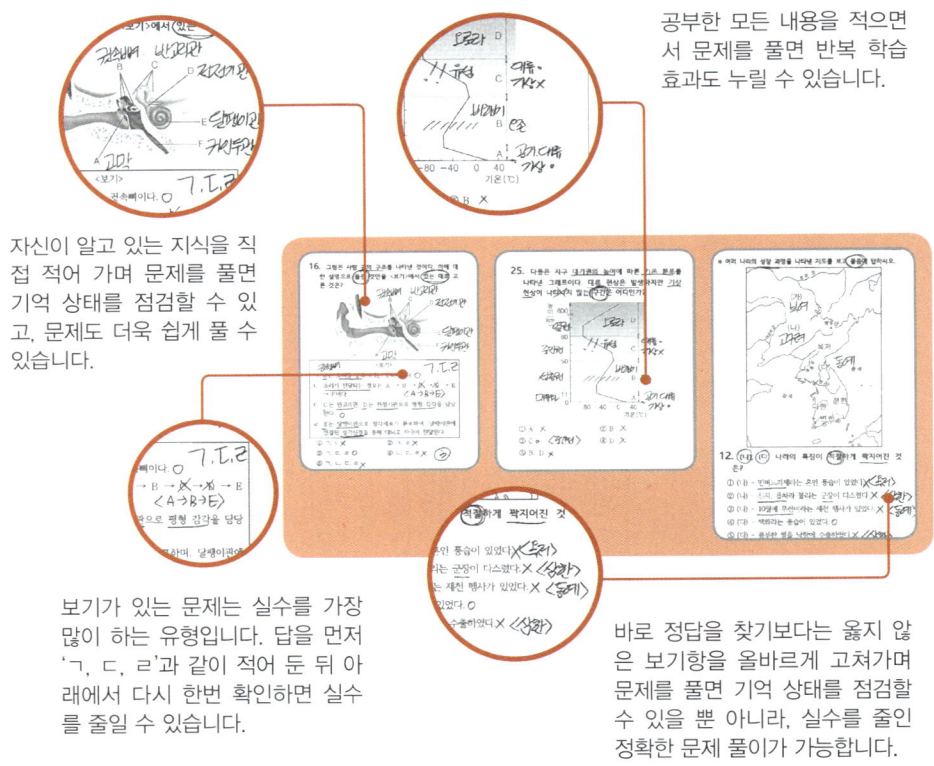

공부한 모든 내용을 적으면서 문제를 풀면 반복 학습 효과도 누릴 수 있습니다.

자신이 알고 있는 지식을 직접 적어 가며 문제를 풀면 기억 상태를 점검할 수 있고, 문제도 더욱 쉽게 풀 수 있습니다.

보기가 있는 문제는 실수를 가장 많이 하는 유형입니다. 답을 먼저 'ㄱ, ㄷ, ㄹ'과 같이 적어 둔 뒤 아래에서 다시 한번 확인하면 실수를 줄일 수 있습니다.

바로 정답을 찾기보다는 옳지 않은 보기항을 올바르게 고쳐가며 문제를 풀면 기억 상태를 점검할 수 있을 뿐 아니라, 실수를 줄인 정확한 문제 풀이가 가능합니다.

문제에 사진, 지도, 그래프 등이 나오면, 그와 관련해 떠오르는 지식을 전부 적어 보세요. 생각이 나지 않거나 헷갈리는 부분은 괄호( ) 표시를 해 두었다가, 오답을 정리할 때 다시 공부하면 좋습니다.

❸ 단기 목표를 세우고 문제를 풀어 보세요

'수학 30문제 풀기'
'수학 30문제 30분 안에 풀기'

두 목표 중 어느 쪽이 더 집중이 잘 될까요? 집중력과 풀이 속도를 높이고 싶다면, 단기 목표를 세우고 문제를 푸는 것이 좋습니다.

예를 들어, 수학 30문제를 풀어야 한다면 마지막 문제 아래에 '7시 30분'이라고 적어 두세요(현재 시간이 7시라면). 이는 '30분 안에 풀겠다'는 단기 목표를 세운 것입니다. 문제를 다 푼 뒤 실제 걸린 시간을 비교하여 예상보다 5분 빨리 풀었다면 −5, 5분 늦었다면 +5라고 기록해 두면 됩니다.

이처럼 목표를 정하면 집중력이 훨씬 좋아집니다. 단기 목표가 없으면 중간에 흐트러지기 쉽지만, 목표가 있으면 최대한 시간을 지키려 노력하게 됩니다. 이 습관은 실전 시험 연습에도 큰 도움이 됩니다. 평소에는 잘 풀다가도 시험만 보면 긴장하거나 시간에 쫓겨 원하는 결과를 얻지 못하는 학생들이 있습니다. 평소에 단기 목표를 세우고 문제를 풀면 시험 감각도 자연스럽게 익힐 수 있습니다. 단기 목표를 세우는 데는 1분도 걸리지 않습니다. 이 짧은 시간이 집중력과 몰입력, 그리고 실전 연습의 효과까지 준다면, 실천하지 않을 이유가 없겠죠?

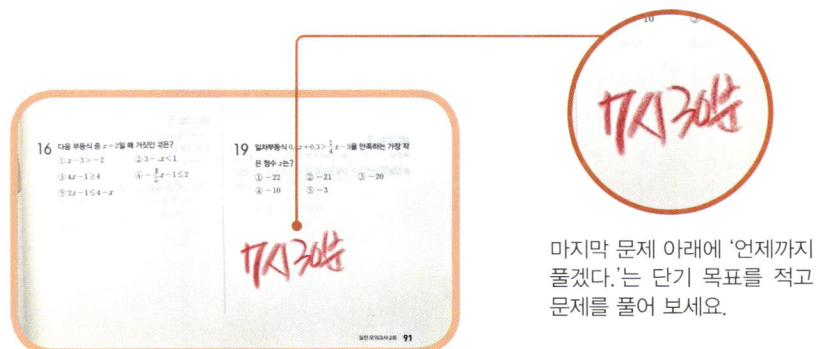

마지막 문제 아래에 '언제까지 풀겠다.'는 단기 목표를 적고 문제를 풀어 보세요.

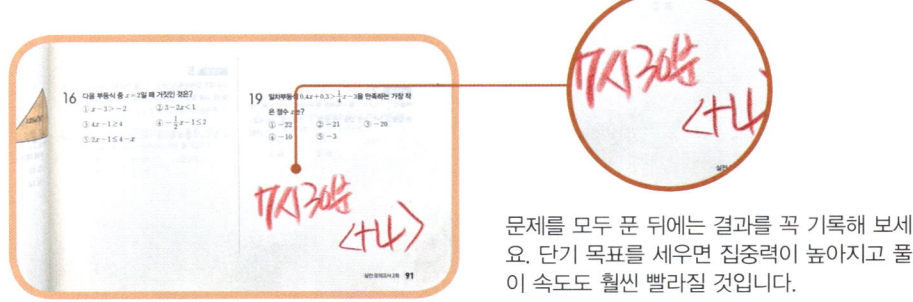

문제를 모두 푼 뒤에는 결과를 꼭 기록해 보세요. 단기 목표를 세우면 집중력이 높아지고 풀이 속도도 훨씬 빨라질 것입니다.

❹ 수학 문제집은 이렇게 풀어 보세요

수학은 학원이나 과외에서 배우더라도 스스로 문제를 푸는 방식은 여전히 비효율적인 경우가 많습니다. 혹시 아래의 방법 중 하나라도 이미 실천하고 있다면, 자신감과 확신을 가져도 좋습니다. 그렇지 않다면 지금부터라도 꼭 실천해 보세요.

1. 홀수와 짝수로 나눠서 풀어 보세요

문제가 너무 많아 부담될 때, 한 권의 문제집을 두 권처럼 활용할 수 있는 방법이 있습니다. 우선 1단원의 문제를 풀어야 한다면, 모든 문제를 풀려고 하지 말고 홀수 번호 문제만 먼저 선택해 풀어 보세요. 그리고 채점 및 오답 정리를 진행합니다.

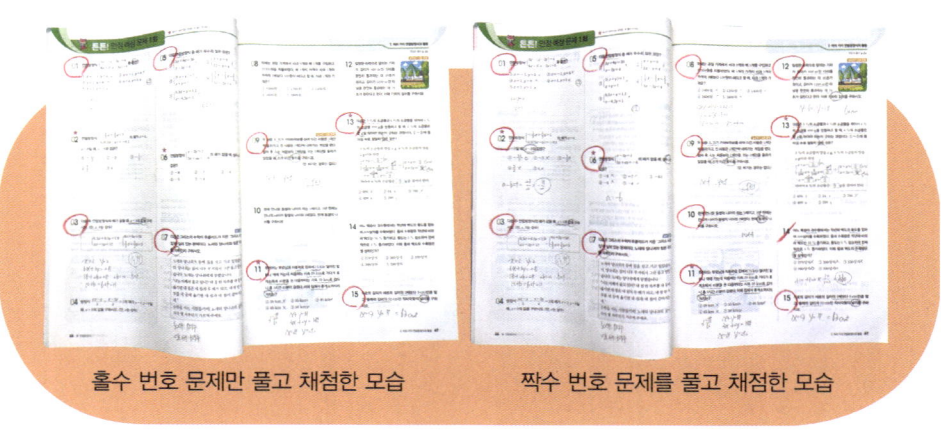

홀수 번호 문제만 풀고 채첨한 모습   짝수 번호 문제를 풀고 채점한 모습

시간이 지난 뒤 1단원의 문제를 다시 풀 때는 짝수 번호 문제를 선택하여 풀도록 하세요.

이 방법은 페이지가 빠르게 넘어가며 성취감을 주고, 홀수 문제에서 익힌 사고력과 개념을 짝수 문제에 적용해 학습 효과를 높입니다.

2. 풀이 노트를 활용해 보세요

이미 많은 학생들이 사용하고 있는 방법이지만, 아직 안 하고 있다면 꼭 시작해 보세요. 문제집에는 문제를 읽으며 밑줄이나 표시 정도만 하고, 실제 풀이 과정과 답안은 모두 풀이 노트에 작성합니다. 채점도 풀이 노트에 진행하세요. 틀린 문제는 문제집에 (/) 표시만 해 두세요. 그리고 틀린 문제는 반드시 다시 풀어야 합니다. 이때도 문제집이 아니라 풀이 노트에 다시 풉니다. 시험 기간이 되면 풀이 노트에 풀었던 문제집을 다시 푸는데, 이번에는 문제집에 직접 풀어 보세요. 특히 (/) 표시된 문제는 더욱 집중해서 풀어야 합니다. 이렇게 하면 여러 권 대충 푸는 것보다 한 권을 체계적으로 두 번에 나눠 깊이 있게 푸는 학습이 되어 훨씬 더 높은 점수를 기대할 수 있습니다.

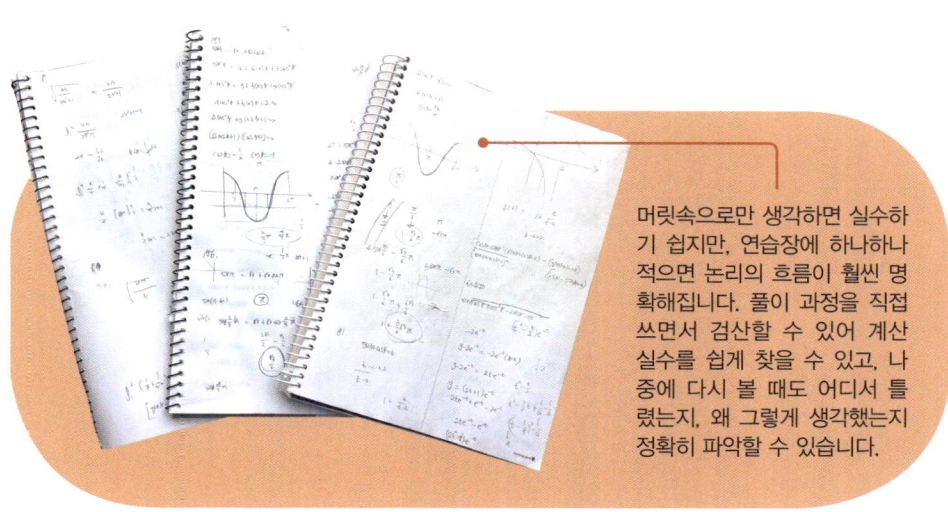

머릿속으로만 생각하면 실수하기 쉽지만, 연습장에 하나하나 적으면 논리의 흐름이 훨씬 명확해집니다. 풀이 과정을 직접 쓰면서 검산할 수 있어 계산 실수를 쉽게 찾을 수 있고, 나중에 다시 볼 때도 어디서 틀렸는지, 왜 그렇게 생각했는지 정확히 파악할 수 있습니다.

3 채점은 반드시 합시다!

채점은 자신의 학습 이해도와 오류를 즉시 확인하여 학습 방향을 정확히 잡는 데 도움을 주므로 반드시 해야 합니다.

문제를 열심히 풀어놓고도 채점하지 않거나, 채점만 하고 오답을 그대로 두는 학생들이 있습니다. 지금이라도 생각을 바꿔야 합니다. 채점을 하지 않고 방치하면 문제 풀이 자체가 아무 의미가 없고, 문제집과 시간만 낭비하게 되니까요. 문제를 푸는 목적은 내가 알고 있는 것과 모르는 것을 구별하기 위해서입니다. 아는 내용은 다시 확인하고, 모르는 내용은 내 지식으로 만들어야 성적 향상이 가능합니다.

① 적절한 기호를 사용해 채점하세요

가장 기본적이고 널리 쓰이는 채점 방식이 있음에도, 기본적인 채점조차 하지 않는 학생들이 많아 안타깝습니다. 여러분은 꼭 올바르게 채점하시기를 바랍니다.

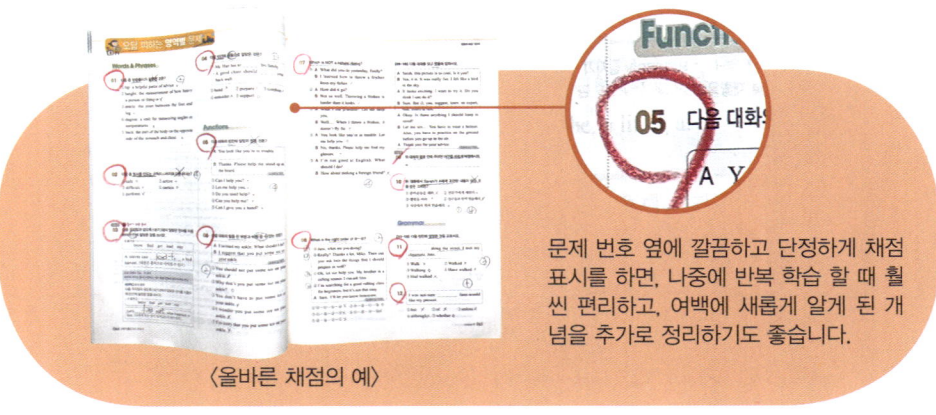

문제 번호 옆에 깔끔하고 단정하게 채점 표시를 하면, 나중에 반복 학습 할 때 훨씬 편리하고, 여백에 새롭게 알게 된 개념을 추가로 정리하기도 좋습니다.

〈올바른 채점의 예〉

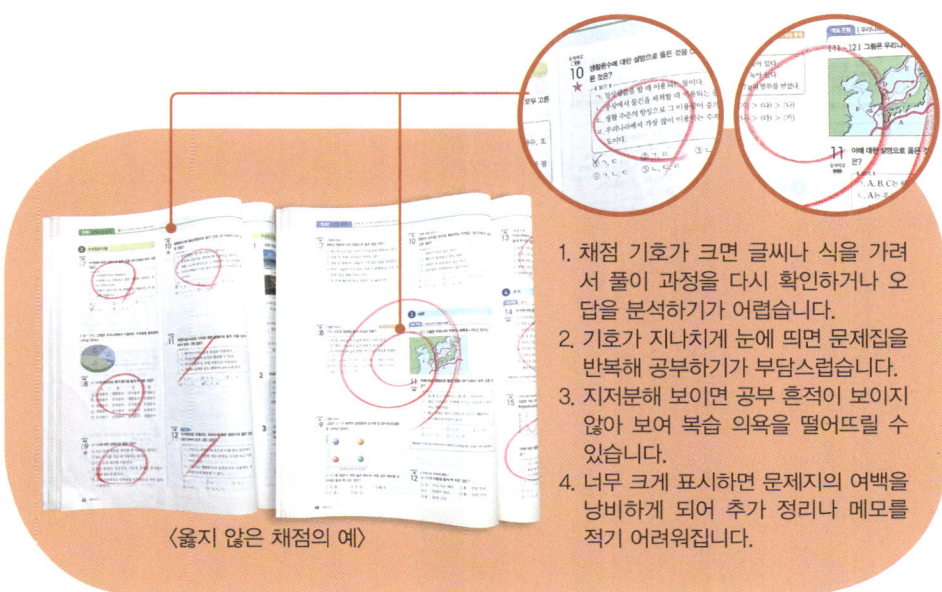

1. 채점 기호가 크면 글씨나 식을 가려서 풀이 과정을 다시 확인하거나 오답을 분석하기가 어렵습니다.
2. 기호가 지나치게 눈에 띄면 문제집을 반복해 공부하기가 부담스럽습니다.
3. 지저분해 보이면 공부 흔적이 보이지 않아 보여 복습 의욕을 떨어뜨릴 수 있습니다.
4. 너무 크게 표시하면 문제지의 여백을 낭비하게 되어 추가 정리나 메모를 적기 어려워집니다.

〈옳지 않은 채점의 예〉

채점할 때는 문제 번호에 적절한 크기로 기호를 표시하세요. 맞은 문제는 'O', 틀린 문제는 '/' 기호를 쓰면 됩니다. '√'나 '모기향' 모양 같은 특이한 기호는 되도록 사용하지 않는 것이 좋습니다. 기호가 너무 크면 문제 내용을 가리거나 복습할 때 집중하기 어려워집니다.

② 문제를 끊어서 채점하세요

문제집은 대부분 명칭은 다르지만 기본, 응용, 심화 단계로 구성되어 있습니다. 그런데 이 모든 문제를 한꺼번에 풀고 난 뒤 한 번에 채점하는 학생들이 많습니다. 채점이 번거롭다는 이유 때문일 것입니다. 하지만 이렇게 한 번에 채점하면 학습 효과가 크게 떨어집니다.

예를 들어, 기본 문제에서 원소기호를 제대로 기억하지 못해 틀렸다면, 응용이나 심화 문제에서도 같은 이유로 반복해서 틀릴 가능성이 큽니다. 이를 방지하려면 문제를 끊어서 채점해야 합니다.

기본 문제를 푼 후 바로 채점하고 오답 정리를 하고 나서 제대로 기억한 후, 응용과 심화 문제로 넘어가면 비슷한 내용의 문제는 절대로 틀리지 않을 것입니다. 문제 수가 적더라도 반드시 끊어서 채점하세요.

4 오답 정리는 반드시 필요해요

> 오답을 정리하는 것은 단순히 점수를 확인하는 것이 아니라, 자신의 약점을 발견하고 이를 정확한 개념으로 바로잡는 과정입니다. 이 과정을 통해 같은 실수를 반복하지 않게 되고, 이해와 기억이 부족한 부분은 집중적으로 보완할 수 있어 학습 효율을 크게 높일 수 있습니다.

문제를 풀었다면 틀린 문제는 꼭 오답 정리를 해야 합니다. 오답 정리를 하지 않는 것은 병원에서 진료만 받고 치료나 약 복용 없이 돌아오는 것과 같습니다. 이렇게 되면 그동안 공부한 내용이 무의미해질 수 있습니다. 오답이 된 문제는 내가 모르는 내용을 정확히 짚어 주는 신호입니다. 따라서 '왜 틀렸는지', '무엇을 몰랐는지', '어떤 내용을 다시 공부해야 하는지'를 고민하며 철저히 정리해야 합니다.

① 문제지에 바로 오답을 정리하세요

문제지의 글자나 그림은 보통 검정색이므로, 채점은 빨간색으로, 오답 정리는 파란색으로 하는 것이 복습할 때 시각적으로 효과적입니다. 해설을 그대로 옮겨 적

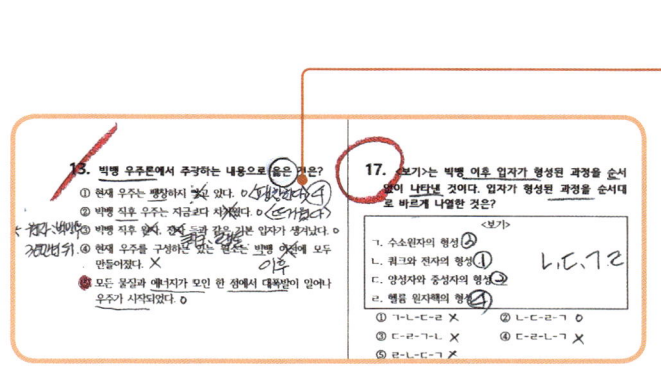

올바른 보기항만 기억하는 것보다는 옳지 않은 보기항의 내용까지 올바르게 고쳐가면서 작성하고 공부를 합니다. 이렇게 해야 깊이 있는 공부를 할 수 있으며, 반복 학습을 할 때도 효과적입니다.

기보다는 보기항을 고쳐 가며 정리하는 것이 좋습니다. 해설이 부족하면 교과서나 자습서를 참고해 추가로 정리하세요.

예를 들어, '옳지 않은 것은?' 유형의 문제를 틀렸다면, 틀린 보기항만 고쳐서 끝낸 것이 아니라 모든 보기항의 내용을 정확하게 이해하고 정리해야 합니다. 이런 문제는 시험에서 옳지 않은 보기항이 바뀌어 출제될 수 있기 때문에, 모든 보기항을 정확히 이해하고 기억하는 것이 중요합니다. 그래야 다양한 형식의 문제에도 정확하게 대응할 수 있습니다.

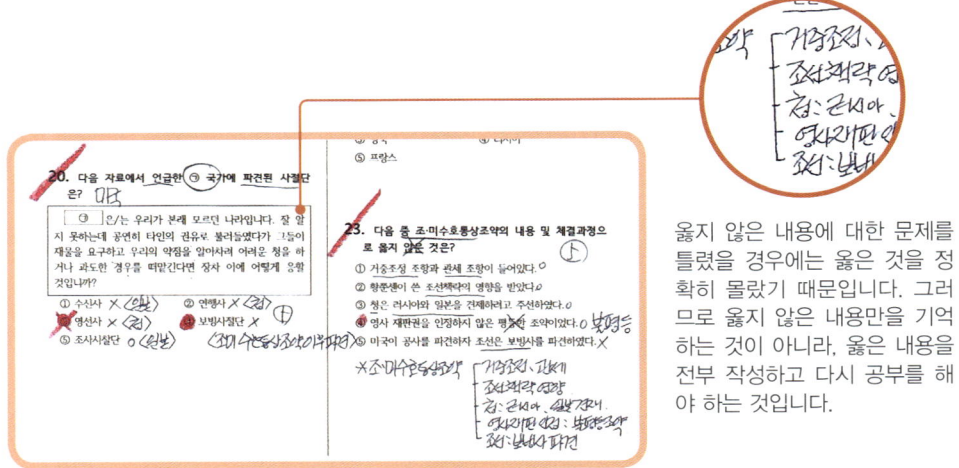

옳지 않은 내용에 대한 문제를 틀렸을 경우에는 옳은 것을 정확히 몰랐기 때문입니다. 그러므로 옳지 않은 내용만을 기억하는 것이 아니라, 옳은 내용을 전부 작성하고 다시 공부를 해야 하는 것입니다.

❷ 교과서나 노트에 추가로 정리하세요

문제지에만 오답 정리를 하고 끝내는 것은 충분하지 않습니다. 평소 가장 자주 보는 교과서, 교재, 노트 등에 틀린 문제의 내용이나 새롭게 알게 된 개념을 추가로 정리해 두는 것이 좋습니다. 관련성이 있는 부분에 파란색 펜으로 기록해 두면, 반복 학습할 때 더욱 집중해서 공부할 수 있습니다. 파란색으로 표시된 내용은 내가 실수하거나 부족했던 부분이라는 점을 시각적으로 인식하게 해 주어 학습에 큰 도움이 됩니다.

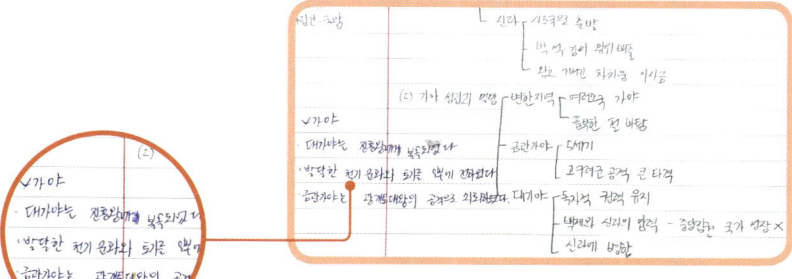

오답 정리를 하면서 새롭게 알게 된 지식을 교과서나 노트에 파란색 펜으로 정리합니다. 정리하는 과정에서 다시 한번 공부가 되고, 나중에 교과서나 노트를 반복 학습을 할 때 파란색 펜으로 작성된 내용은 틀렸던 경험이 있었다는 사실을 알면 더욱 집중해서 공부를 하겠죠.

❸ 공부한 결과를 기록해 보세요.

공부를 마친 뒤에는 교과서나 문제집의 차례에 학습 결과를 간단히 기록해 두는 습관을 들이세요. 이렇게 기록을 하면 다음과 같은 장점이 있습니다.

> 1. 내가 공부했는지 안 했는지 알 수 있습니다.
> 2. 몇 번이나 반복했는지 알 수 있습니다.
> 3. 학습 성추를 스스로 파악할 수 있습니다.

예를 들어, "화학 반응식을 두 번 공부했는데 점수가 낮다. 다시 공부해야겠다." "삼국의 성립은 세 번 공부했더니 점수가 높아졌다. 다음 단원으로 넘어가자."

"헌법재판소는 한 번도 공부하지 않았다. 우선 공부하자." 이처럼 자신의 상태를 점검하고 공부 계획을 효율적으로 세울 수 있습니다. 단 10초만 투자하면 되는 이 기록이 시험 전략의 핵심이 될 수 있습니다.

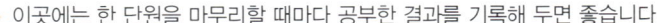

이곳에는 한 단원을 마무리할 때마다 공부한 결과를 기록해 두면 좋습니다.

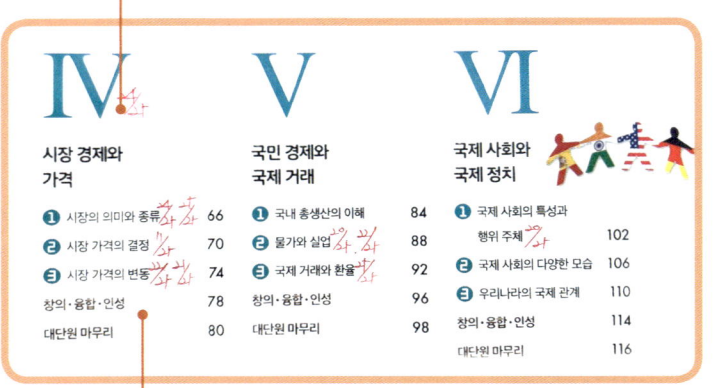

교과서 목차에 공부 결과를 정리해 두면, '공부를 했는지', '몇 번 했는지', '결과는 어땠는지', '앞으로 어떤 부분을 더 보완해야 할지'를 한눈에 파악할 수 있습니다.

④ 학습일기를 써보세요

학습일기는 노트 정리나 오답 노트와는 조금 다릅니다. 하루 동안 공부하거나 수업 중에 새롭게 알게 된 내용, 흥미로웠던 문제, 감명 깊었던 깨달음을 간단히 기록하는 것입니다.

예를 들어, 국어 시간에 문법 체계를 잘 이해하지 못했는데 수업을 들으면서 개념이 명확하게 정리되었다면, 그 순간의 느낌과 함께 기록해 두세요. 수학 문제를 전혀 다른 풀이 방식으로 접근해 훨씬 쉽게 풀었다면, 그 깨달음을 정리해 두는 것도 좋습니다.

또한 조선의 중앙정치제도를 기억하기 어려웠지만 선생님의 이야기나 기억법을 통해 쉽게 기억한 경험을 기록해 두면 나중에 큰 도움이 됩니다. 학습일기는 수업을 듣거나 공부를 하면서 이해한 내용과 그때의 느낌을 잊지 않고 다시 떠올릴 수 있게 해 주며, 깊이 있는 공부로 이어질 수 있습니다.

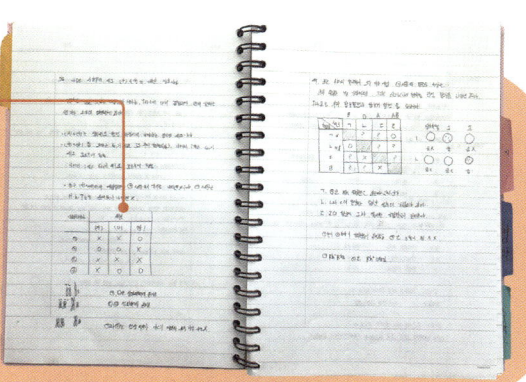

오늘 하루 공부를 하면서 새롭게 알게 된 내용이나 풀이 과정, 그리고 가장 중요하다고 생각되는 문제를 1~2문제 정도 선정해 일기를 쓰듯 생각과 느낌을 함께 기록해 보세요. 이렇게 정리한 개념과 문제들은 주말에 다시 풀어 보며 반복 학습을 통해 완전히 내 지식으로 만드는 것입니다.

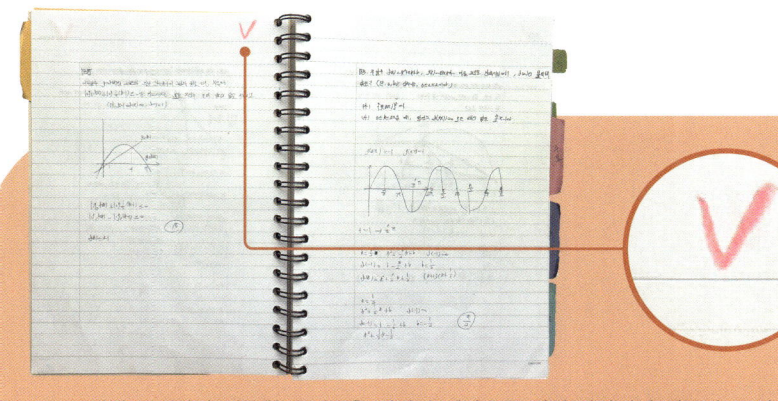

매일 공부하며 기록한 문제들은 시간이 지날수록 점점 많아지기 때문에, 주말 하루 동안 모든 내용을 복습하기가 어려울 수 있습니다. 그래서 반복 학습을 통해 실력이 충분히 쌓여서 유사한 문제가 100번 나와도 100번 모두 정답을 맞힐 수 있는 문제는 별도로 표시해 두고 반복 학습에서 제외하도록 합니다.
이렇게 하면 반복 학습의 부담을 줄이면서도 효율적으로 약점을 보완할 수 있습니다.

따스한 햇살이 교실 창문을 통해 쏟아지던 어느 오후 자습 시간, 소율이는 문제집에 조심스럽게 답을 적어 내려가고 있었습니다. 샤프심이 종이에 사각거리는 소리만이 조용한 교실에 울려 퍼졌습니다. 문제 하나하나를 신중하게 읽고, 풀이 과정을 차근차근 적어 내려가는 소율이의 얼굴에는 집중력이 느껴졌어요.

　그 옆자리에서는 정우가 문제집을 대충 훑으며 빈칸만 채우고 있었습니다. 채점은 커녕, 풀이 과정조차 제대로 적혀 있지 않은 문제가 많았습니다. 쉬는 시간이 되자 정우는 문제집을 덮고 벌떡 일어나 친구들과 떠들기 시작했습니다.

　소율이는 그런 정우의 모습이 안타까웠어요. 정우는 머리도 좋고 이해력도 뛰어나지만, 제대로 된 공부 습관이 들지 않아 시험 때마다 아쉬운 결과를 받기 일쑤였거든요.

　"정우야."

　소율이가 조심스럽게 그를 불렀습니다.

　"어? 왜, 소율아?"

　정우는 친구들과 웃으며 이야기하다가 소율이 쪽으로 고개를 돌렸습니다.

　"너 아까 푼 문제들 채점은 해 봤어?"

　소율이의 질문에 정우는 멋쩍게 웃으며 머리를 긁적였습니다.

　"아… 아직. 대충 푼 거라 틀린 것도 많을 텐데 뭘."

　잠시 망설이던 소율이는 자신의 문제집을 펼쳐 정우에게 보여 주었습니다. 그 안에는 풀이 과정이 정성스럽게 적혀 있었고, 빨간 펜으로 채점한 흔적과 함께 틀린 문제 옆에는 다시 한 번 풀어 본 흔적이 남아 있었죠.

"나는 문제를 풀고 꼭 채점해. 그리고 틀린 문제는 그냥 넘기지 않고 다시 한 번 풀거나, 관련 내용을 교과서에서 찾아봐."

정우는 소율이의 문제집을 보며 눈이 동그래졌습니다.

"와! 진짜 꼼꼼하다. 나는 그냥 답만 보고 넘기기 바쁜데."
"그렇게 하면 나중에 뭐가 틀렸는지, 왜 틀렸는지 모르잖아. 틀린 문제를 제대로 알아야 같은 실수를 반복하지 않게 돼."

소율이는 차분한 목소리로 자신의 공부법을 설명했습니다.

"근데 다시 교과서 찾아보는 건 귀찮지 않아?"

정우가 물었습니다. 소율이는 고개를 저으며 말했죠.

"처음에는 조금 번거롭지만, 교과서를 다시 보면 관련 개념을 더 정확히 이해할 수 있어. 해설만 보는 것보다 훨씬 도움이 돼."

그 말과 함께 소율이는 틀린 문제 옆에 교과서 페이지를 가리켰습니다. 정우는 조용히 고개를 끄덕이며 소율이의 설명을 주의 깊게 들었어요. 늘 대충 공부하고 후회했던 자신의 모습이 떠올랐습니다.

"그럼 너는 보통 어떻게 문제를 풀어?"

정우가 조심스럽게 물었습니다.

"같이 한번 해 보자!"

소율이는 흔쾌히 고개를 끄덕이며 말했습니다.

"먼저 문제를 꼼꼼히 읽고, 무엇을 묻는지 정확하게 파악하는 게 중요해. 그리고 풀이 과정을 머릿속으로만 생각하지 말고 꼭 손으로 써 봐야 해. 그래야 어디서 막히는지, 어떤 개념이 부족한지 확인할 수 있거든."

소율이는 자신의 문제집에서 한 문제를 골라 정우에게 설명하기 시작했습니다. 문제를 읽는 방법부터, 어떤 개념을 적용해야 하는지, 풀이 과정을 어떻게 정리해야 하는지까지 차근차근 알려 주었어요.

"채점할 때는 정답만 확인하는 게 아니라, 왜 그 답이 나왔는지도 이해해야 해. 틀린 문제는 해설을 꼼꼼히 읽고, 그래도 모르겠으면 나나 선생님께 꼭 물어봐."

소율이는 오답 정리의 중요성을 다시 한번 강조했습니다.

정우는 소율이의 설명을 들으며 많은 것을 깨달았습니다. 자신은 지금까지 너무 대충 공부해 왔던 거예요. 소율이처럼 꼼꼼하게 문제를 풀고, 틀린 부분을 이해하려는 노력이 부족했음을 실감했습니다.

"알겠어, 소율아. 너 말대로 한번 해 볼게. 정말 고마워."

정우는 진심을 담아 감사 인사를 전했습니다.

소율이는 밝게 웃으며 정우의 어깨를 토닥였습니다.

"별거 아닌걸. 우리 같이 열심히 공부해서, 다음 시험 땐 꼭 좋은 결과 받자!"

그날 이후 정우는 소율이에게 배운 방법대로 공부하기 시작했습니다. 문제를 꼼꼼히 읽고, 풀이 과정을 직접 적었으며, 채점도 빠짐없이 했어요. 틀린 문제는 반드시 다시 풀어 보았고, 모르면 소율이나 선생님에게 질문했습니다. 익숙하지 않아 시간이 걸리긴 했지만, 정으는 점점 공부 습관을 바꿔 나갔죠.

쉬는 시간, 정우는 소율이 옆에 앉아 함께 문제를 풀고 있었습니다. 전보다 훨씬 집중하며 틀린 문제도 성실하게 다시 풀어 보는 그의 모습은, 소율이에게도 큰 기쁨이자 동기 부여가 되었습니다. 서로의 공부법을 공유하고 함께 성장해 가는 두 친구의 모습은, 조용한 교실 안을 따뜻한 온기를 더해 주고 있었습니다.

9

나의 능력을
보여 주는 시험이야

대부분의 중간·기말고사는 두 달에 한 번 간격으로 실시됩니다. 일반적으로 3~4월에 공부한 내용을 바탕으로 5월 초에 중간고사를 보고, 5~6월 동안 학습한 내용을 토대로 7월 초에 기말고사가 진행됩니다. 결국 학기 중 한 달은 항상 시험 기간이며, 이 시기의 마음가짐과 공부 방법을 아는 것이 중요합니다.

1 시험 기간의 복습은 곧 시험공부입니다

시험 기간에 복습은 단순한 반복이 아니라 성적을 좌우하는 핵심 학습 과정입니다. 하지만 시험 기간이 시작되면, '시험을 잘 봐야지' 하는 마음이 앞서거나, '빨리 끝내고 싶다.'는 조급한 마음 때문에 잘못된 공부 습관을 보이는 학생들이 많습니다.

잘못된 공부 습관

- 오늘의 복습을 생략하고 영어와 수학 공부만 한다.
- 시험 범위를 처음부터 차근차근 공부 한다.
- 시간이 부족하다는 이유로 복습을 생략한다.

이건 잘못된 생각입니다. 오늘 학교에서 배운 내용은 가장 잘 이해되고, 기억에 드 잘 남아 있을 때입니다. 게다가 그날 수업한 내용은 대부분 시험 범위에 포함됩니다.

그렇다면 그날 수업 내용을 복습하는 것은 곧 시험공부라는 것입니다.

그런데도 어떤 학생들은 오늘 수업 내용이 시험 범위임에도 불구하고 복습을 미루고, 영어와 수학 공부에만 집중하거나, 시험 범위의 처음부터 공부하는 방식을 선택합니다.

결국 이들도 언젠가는 오늘 배운 내용을 다시 공부해야 할 텐데, 1~2주가 지난 뒤에 오늘 수업한 내용을 공부한다면 이미 수업 시간에 이해한 내용이 대부분 잊었을 가능성이 큽니다.

이렇게 되면, 수업에서 이해했던 내용을 잊은 채, 선생님의 설명 없이 혼자 다시 공부해야 하므로 마치 독학 하듯 많은 시간과 노력을 들이게 됩니다. "이해가 안 돼서 어렵다.", "선생님이 어디서 문제를 낸다고 했는데 기억이 안 나."와 같은 혼란을 겪게 됩니다. 그래서 시험 기간일수록 복습이 우선시 되어야 합니다. 오늘 수업 내용은 시험 범위에 해당하는 내용이며, 오늘 수업 내용을 꼼꼼히 복습하는 것은 가장 효과적인 시험공부라는 점을 명심해야 합니다.

수업 내용을 복습하는 것이
곧 시험 준비를 하는 것!

2 성공적인 준비의 핵심은 시험 계획표!

시험 계획표는 성공적인 시험 준비의 핵심이라고 할 수 있습니다. 계획을 세우고 실천하는 과정은 자기 주도 학습 능력을 키우고, 효과적인 시간 관리 습관을 만들어 주는 핵심 전략입니다. 따라서 실천 가능한 계획을 세우고 꾸준히 실천하는 것이 매우 중요해요.

1 시험 계획표를 작성하기 전 확인할 것

먼저 시험 일정을 정확히 확인해야 합니다. 시험 날짜와 시간, 교시별 시험 과독, 시험 전 확보할 수 있는 공부 시간 등을 파악합니다. 다음으로 시험 범위를 정확히 확인해야 합니다. 단순히 몇 페이지까지가 아니라, 어느 단원에서 어떤 내용까지 시험 범위에 포함되는지를 알아야 합니다. 또한 학교 수업자료(교과서, 부교재, 학습지, 문제지 등)와 개인 학습 자료(참고서, 문제집 등)를 함께 확인하여 과목별로 공부해야 할 분량을 파악하도록 합니다.

❷ 공부할 수 있는 시간 파악하기

하교 후 학원 일정 등을 고려해 하루 중 실제 공부 가능한 시간을 계산해 봅시다. 학원 수업이 많아 공부 시간이 부족하거나 시험 기간에 공부 시간을 늘리고 싶더라도, 일정한 취침 시간을 정하는 것이 좋습니다. 공부량이나 욕심에 따라 어느 날은 새벽 1시, 다음 날은 새벽 2시처럼 불규칙하게 잠을 자면 짜증과 무기력으로 인해 다음 날 공부가 힘들어질 수 있습니다. 일정한 취침 시간을 지켜 안정적인 수면 패턴을 유지하면 집중력과 학습 능력을 높이는 데 도움이 됩니다. 또한 시험 기간 중 외출이나 약속 등의 일정도 미리 정리해 두는 것이 좋습니다.

❸ 과목별 공부 시간 배분하기

공부 시간을 배분할 때는 과목별 시험 비중, 시험 범위의 분량, 예습·복습 진행 상태, 취약한 단원 등을 고려하여 공부 시간을 나눠야 합니다. 이때 좋아하는 과목 보다는 어렵거나 취약한 과목에 더 많은 시간을 할애 하는 것이 효과적입니다. 예를 들어 막연히 '과학이 어렵다.'고 생각하기보다, 과학 범위 중에서도 '물리 파트가 어렵다.'고 구체적으로 파악한 뒤 해당 영역에 공부 시간을 집중하는 것이 효과적입니다.

❹ 주차별 학습 계획 세우기

시험일까지 남은 4주를 기준으로, 무리하지 않고 주차별 학습 계획을 세우는 것이 중요합니다. 이때 지나치게 빡빡한 계획보다는 실제로 실천할 수 있는 현실적인 계획을 세워야 합니다.

1. 1주차 계획

가장 먼저 해야 할 일은 복습입니다. 오늘 수업한 내용도 시험 범위이므로 복습 자체가 곧 시험공부라는 것입니다. 교과서, 정리 노트, 참고서 등을 2~3번 반복해 꼼꼼히 읽으며 내용을 이해하고 기억한 후, 기본 문제를 풀어 보며 내용을 점검합니다.

2. 2주차 계획

이 시기의 수업 내용 역시 모두 시험 범위에 해당하므로 복습이 가장 중요합니다. 1주차에 다진 이해를 바탕으로 심화·응용 문제를 풀어 보며 문제 해결력과 취약한 부분을 점검합니다. 어려운 부분은 반복 학습하거나 인터넷 강의를 활용하는 것도 좋은 방법입니다. 또한, 틀린 문제는 반드시 오답 노트에 작성하여 다시 분석하고 복습하는 과정을 거쳐야 합니다.

3. 3주차 계획

3주차부터는 수업에 더욱 집중해야 할 시기입니다. 시험 진도가 마무리되는 시기이므로, 선생님이 시험에 출제될 가능성이 높은 내용을 정리해 주시거나 학습지와 문제지를 배부하기도 합니다. 따라서 수업에 집중하고 복습을 철저히 해야 합니다.

또한 기출문제나 예상문제를 실제 시험과 유사한 환경에서 풀어 보며 실전 감각을 키워야 합니다. 이때 실제 시험시간보다 5분 정도 짧은 시간 안에 문제를 풀어 보는 연습은 시험장에서 시간 압박 없이 여유롭게 문제를 풀 수 있도록 도와줍니다. 문제를 푼 뒤에는 오답 노트를 정리하고, 취약한 부분을 반복 학습하도록 해야 합니다.

4. 4주차 계획

아직도 진도가 끝나지 않은 과목은 복습을 우선순위에 두는 것이 중요합니다. 특히, 이 시기에는 선생님이 알려주는 힌트나 새로 배부되는 학습지와 문제지를 '시험에 나올 수 있는 문제'라고 생각하고 꼼꼼하게 학습해야 합니다. 반면, 진도가 마무리된 과목은 자습 시간을 활용해 정리와 암기 중심의 복습에 집중할 수 있는 시기입니다. 더욱 철저하게 준비할 수 있는 기회로 삼아야 합니다. 이때는 새로운 문제 풀이보다 교과서, 부교재, 학습지, 노트, 오답 노트 등 지금까지 사용한 학습 자료를 반복적으로 보고 정확히 기억하는 것이 중요합니다. 특히, 교과서에 실린 문제(단답형, 중단원 정리 문제, 대단원 마무리 문제, 서술형 문제)는 출제 가능성이 높기 때문에 확실히 기억하도록 합니다.

또한 이 시기에는 '인출 연습'을 적극적으로 하는 것이 중요합니다. 단순히 읽고 외우는 공부보다 중심 단어나 인출 단서를 먼저 적고, 그에 해당하는 내용을 스스로 재구성하여 적어 보는 방식이 훨씬 효과적입니다. 이렇게 하면 기억이 오래 유지될 뿐 아니라, 시험 당일에는 단순한 '생각'의 차원을 넘어, 반사적으로 문제를 풀 수 있는 '실전 능력'이 형성됩니다.

성공적인 시험 준비를 위해서는 현실적이고 실천 가능한 계획표를 만들고, 이를 지속할 수 있는 인내심과 끈기가 필요합니다. 또한 공부를 방해하는 유혹을 이겨낼 수 있는 강한 의지도 중요합니다. 이러한 조건들이 잘 맞아떨어지면, 전략적인 시험 준비를 통해 원하는 성과를 충분히 이룰 수 있습니다.

3 역순 공부법으로 마무리하세요

자신이 좋아하는 과목이나 약한 과목, 또는 먼저 시험이 있는 과목에만 과도하게 시간을 쓰는 것을 방지하고 모든 과목을 균형 있게 대비하면, 전체적인 성적 향상에 큰 도움이 됩니다.

역순 공부법이라고 하니 왠지 거창하고 어렵게 느껴지죠? 하지만 실제로는 쉽게 실천할 수 있는 방법이며, 시험 준비를 마무리할 때 아주 효과적인 방법입니다. 기말고사 기간이 되면 보통 7과목 정도 시험을 치르게 됩니다. 그런데 한 과목당 교과서, 학습지, 자습서, 문제집, 노트 등 최소 5가지 자료를 공부해야 합니다. 7과목이라면 35개, 문제집을 2권씩 푼다고 가정하면 학습해야 할 자료는 40개에 달합니다. '계속 봐야 할 자료가 40개라니, 이걸 다 공부할 수 있을까?'라는 생각이 들 수 밖에 없습니다. 게다가 분명 빠뜨린 부분도 있을 수 있어요. 이럴 때 효과적인 공부 방법이 바로 역순 공부법입니다. 역순 공부법은 말 그대로 시험 일정과 역순으로 공부할 과목을 선택하고, 그날은 정해진 과목의 모든 학습 내용과 자료를 반복해 살펴보며 집중적으로 공부하는 것입니다.

그럼 역순 계획표를 어떻게 작성하는지 알아볼까요? 아래의 기말고사 일정표는 순천의 한 중학교의 일정표입니다. 이 표를 참고해 여러분도 자신만의 역순 공부 일정표를 세워 보세요.

순천 승평중학교				
	1교시	2교시	3교시	4교시
7월 9일	과학	자습	수학	
7월 10일	영어	자습	기가	
7월 11일	도덕	자습	국어	역사

〈순천의 한 중학교 일정표〉

예를 들어 볼까요?

7월 9일에 과학과 수학 시험이 있다면, 7월 8일은 그 두 과목만 집중해서 공부합니다. 7월 10일에 영어와 기술·가정 시험이 예정되어 있다면, 7월 9일은 무조건 영어와 기술·가정만 공부해야 하는 것이죠. 마지막으로 7월 11일에 도덕, 국어, 역사가 시험이 있다면, 10일에는 그 세 과목만 집중하여 공부합니다.

7 July

SUN	MON	TUE	WED	THU	FRI	SAT
		1	2	3	4	5
			과학	영어	도덕	과학
			수학	기가	국어	수학
					역사	
6	7	8	**9** 시험일/과목	**10**	**11**	12
영어	도덕	과학	과학	영어	도덕	
기가	국어	수학	수학	기가	국어	
	역사				역사	
			영어	도덕		
			기가	국어	**공부과목**	
				역사		

이처럼 시험 1주일 전부터는 시험 일정을 기준으로 공부할 과목을 역순으로 정해, 해당 과목어 집중해 반복적으로 공부하는 것이 핵심입니다. 그날 정해진 과목을 완벽히 정리했더라도, 다른 과목으로 넘어가지 말고 그 과목을 다시 복습하고 반복하세요. 단, 주말에는 아직 부족하다고 느끼는 한 과목 정도는 추가해도 괜찮습니다. 예시에서는 시험 일정에 따라 세 번 정도 역순 공부가 이루어졌지만, 개인의 공부 속도와 이해도에 따라 두 번만 해도 충분할 수 있습니다. 중요한 건 선택과 집중입니다.

4 시험 기간, 인터넷 강의 활용은 이렇게!

본격적인 시험 기간이 되면, 복습은 뒷전인 채 학원 숙제에 쫓겨 정작 다른 과목 공부를 소홀히 하는 학생이 많습니다. 급한 마음에 인터넷 강의를 보기 시작하지만, 시험 기간에 인터넷 강의는 양날의 검이라는 걸 알아야 합니다.

무엇보다 '인터넷 강의는 공부가 아니다.'라는 점을 기억하세요. 인터넷 강의는 말 그대로 수업일 뿐입니다. 인터넷 강의를 들었다고 해서 공부가 끝난 것은 아닙니다. 들은 내용을 내것으로 만들어야 비로소 공부를 마쳤다고 할 수 있는 것이죠.

하지만 시험 기간에는 시간이 턱없이 부족합니다. 인터넷 강의를 듣고, 복습하고, 문제 풀고…. 이 모든 걸 다 하기에는 현실적으로 시간이 부족할 수밖에 없습니다. 그래서 인터넷 강의는 '쥐 파먹듯이' 꼭 필요한 부분만 골라서 들어야 합니다. 먼저 교과서나 프린트를 보며 최대한 스스로 이해하려고 노력해 보세요. 그래도 이해가 안 되는 부분이 있다면, 그 부분만 인터넷 강의를 듣는 것이 효과적입니다. 예를 들어, 공부한 내용 중 70%는 이해가 되고 30%는 이해하기 어려웠다면, 그 30%만 인터넷 강의로 보충하세요.

이렇게 하면 시간도 절약되고, 인터넷 강의에 대한 집중도도 훨씬 높아집니다. 스스로 이해하려고 애쓴 뒤에 듣는 인터넷 강의는 이해가 잘 되어 기억도 잘 된다는 사실, 꼭 기억해 두세요.

5 주말에는 새벽까지 공부하지 마세요

시험 기간이라고 해서 주말에 새벽 늦게까지 공부하는 건 오히려 독이 될 수 있습니다. 왜 그런지 예를 들어 설명해 보겠습니다. 평소 새벽 1시까지 공부하던 학생이 토요일에 욕심을 내서 새벽 3시까지 공부했다고 가정해 봅시다. 그 결과, 일요일 아침 12시에 일어나 버렸습니다.

그러면 부모님께 혼나 기분도 안 좋고, 생체 리듬까지 깨져 하루 종일 피곤하고, 무기력해지기 쉽습니다. 심하면 두통까지 겪을 수 있습니다. 결국 일요일 하루는 전체가 집중도 안 되고, 짜증만 나는 날이 되는 셈입니다.

시험 계획표

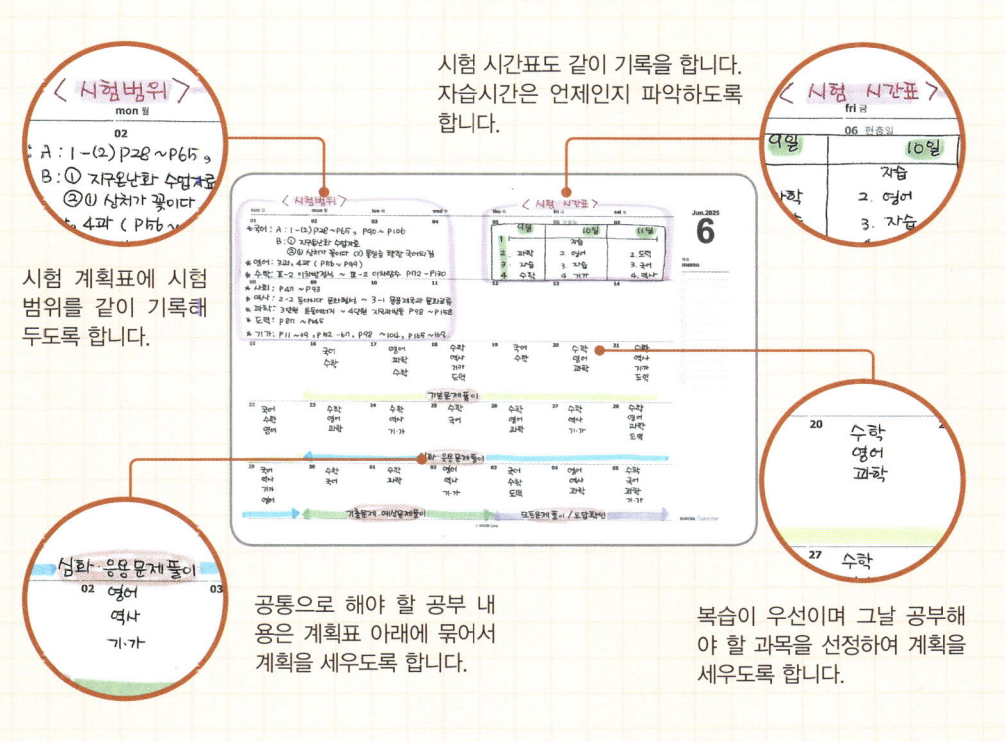

시험 시간표도 같이 기록을 합니다. 자습시간은 언제인지 파악하도록 합니다.

시험 계획표에 시험 범위를 같이 기록해 두도록 합니다.

공통으로 해야 할 공부 내용은 계획표 아래에 묶어서 계획을 세우도록 합니다.

복습이 우선이며 그날 공부해야 할 과목을 선정하여 계획을 세우도록 합니다.

이렇게 단 2시간 더 공부한 대가로 일요일 하루를 날리는 셈이죠. 이럴 때는 오히려 평소처럼 새벽 1시에 자고, 아침 일찍 일어나서 공부하는 것이 더 효율적입니다. 부모님께서도 아침부터 공부하는 모습을 보면 기분 좋게 응원해 주실 겁니다.

무엇보다 충분한 수면은 집중력과 기억력 향상에도 큰 도움이 됩니다. 주말이라고 너무 늦게 자지 말고, 평소처럼 자고 일어나 규칙적인 수면 리듬을 지키는 것도 시험공부의 중요한 전략이 될 수 있어요.

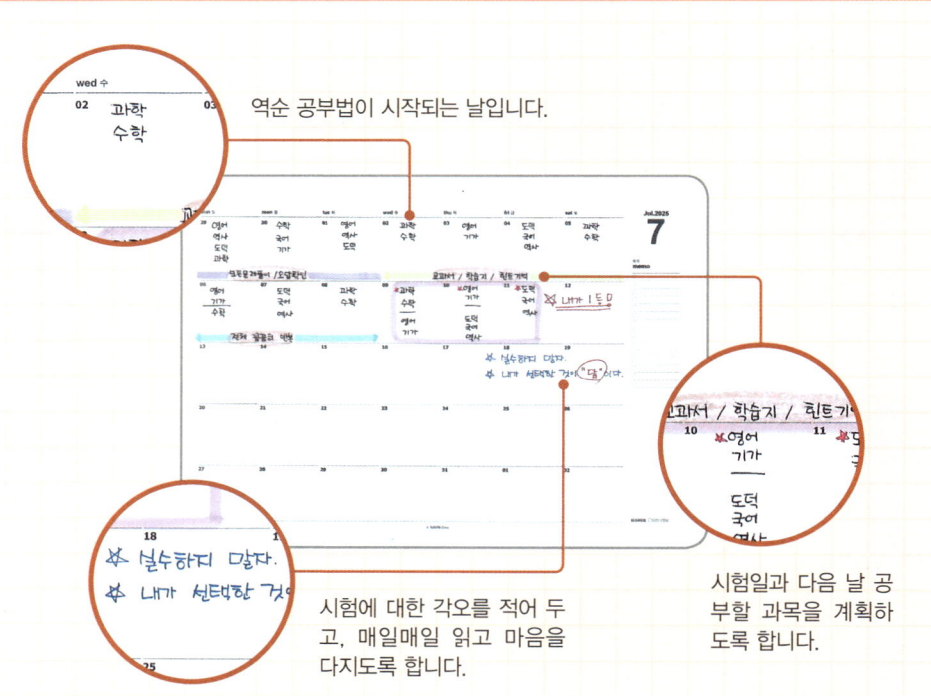

역순 공부법이 시작되는 날입니다.

시험에 대한 각오를 적어 두고, 매일매일 읽고 마음을 다지도록 합니다.

시험일과 다음 날 공부할 과목을 계획하도록 합니다.

6 시험 2주 전, 이렇게 공부하세요

시험이 이제 2주밖에 남지 않았다고요? 그동안 배운 내용을 꾸준히 복습하고 반복 학습을 통해 시험을 차근차근 준비해 온 학생도 있을 것이고, 아직 제대로 공부를 하지 않은 학생도 있을 겁니다. "시간이 없다."는 생각보다는 "아직 2주나 남았다."는 마음가 짐으로 공부해야 합니다.

지금부터 어떻게 하느냐에 따라 여러분의 성적은 충분히 달라질 수 있습니다.

① 마음가짐이 중요해요

2주라는 시간은 짧게 느껴질 수 있지만, 이 시간을 어떻게 보내느냐에 따라 결과 는 크게 달라질 수 있습니다. 상위권 학생이 최상위권으로 올라설 수 있고, 2등급 학생이 1등급이 될 수 있으며, 시험을 포기하려던 학생도 이 기간을 잘 준비하면 60점에서 70점, 심지어 80점 이상까지도 받을 수 있습니다.

공부를 꾸준히 해 왔다고 방심해서는 안 되고, 반대로 그동안 공부를 안 했다고 해서 시험을 포기해서도 안 됩니다. 남은 2주 동안은 마음가짐, 행동 등 모든 것을 다가오는 시험을 준비하는 데 집중해야 합니다. 친구가 축구하자고 해도 시험이 끝 난 뒤에, 영화 보자고 해도 시험이 끝난 뒤에, 쇼핑하자고 해도 "시험이 끝난 뒤에 하자."고 말하면 됩니다. 시험공부에 집중하는 것이 우선입니다. 이런 이유로 친구 관계에 문제가 생긴다면, 오히려 그 관계를 다시 생각해 볼 필요가 있습니다. 시험 이 끝난 뒤에 더 신나고 여유롭게 시간을 보낼 수 있으니까요. 지금 중요한 것은, 시험을 2주 앞둔 시점부터는 생활의 중심을 자연스럽게 공부 중심으로 맞춰 가는 것입니다. 자신의 꿈과 목표가 분명한 학생들은 이 시기에 더욱 절박한 마음으로 공부에 집중합니다. 양치질을 하면서 단어를 외우고, 밥 한 숟가락 먹고 한 문장을 읽고, 등굣길에서 영어 듣기를 합니다. 쉬는 시간, 점심시간, 학원 이동 시간에도

시간을 허투루 쓰지 않고, 잠들기 전에는 그날 공부한 내용을 떠올리며 하루를 마무리 합니다.

꼭 이렇게 하라는 것은 아니지만, 실제로 이런 방식으로 공부하는 학생들이 있습니다. 여러분들도 시험을 준비하는 2주 동안만큼은 비슷한 마음가짐과 태도로, 하루하루를 공부에 집중하며 보내야 합니다.

② 학교 수업에 더욱 집중하세요

시험을 2주 앞둔 시점이 되면 대부분의 선생님들은 이미 시험 문제를 출제한 상태일 가능성이 큽니다. 따라서 이 시기에 수업은 시험 문제와 밀접한 내용 중심으로 수업이 진행되기 때문에, 학교 수업을 집중해서 듣고 필기와 메모를 꼼꼼히 남겨야 합니다. 또한 시험과 관련된 힌트는 반드시 기호나 색상 등으로 눈에 띄게 표시해 두는 것이 좋습니다. 아직 시험 범위까지 진도가 많이 남았다면, 선생님은 시험 문제와 관련된 핵심 내용만으로 수업을 진행할 가능성이 높습니다. 반대로 시험 범위까지 진도가 모두 끝나면 전체 내용을 요약정리 하면서 수업하고, 그 과정에서 시험과 관련된 직접적이거나 간접적인 힌트를 줍니다.

"이 내용 중요해요.", "이 부분 잘 보세요."와 같이 간접적인 힌트와 "이 내용 시험에 나온다.", "이 부분 서술형이다."처럼 직접적인 힌트를 주기도 합니다. 이러한 시험 힌트를 들었을 때는 단순히 "아, 그렇구나!" 하고 넘어가지 말고, 교과서나 학습지에 눈에 띄게 기호로 표시하거나 '시험'이라고 크게 써서 기억해야 합니다.

이 내용 중요해요. 여기 잘 보세요.

이 내용 시험에 서술형으로 출제했습니다. 잘 기억하세요.

또한 선생님이 알려 주는 서술형 힌트는 기억만으로 공부를 끝내지 말고, 꼭 손으로 써 보며 확인해야 합니다. 그래야 시험에서 감점을 피할 수 있습니다.

이 시기에 나누어 주는 학습지와 문제지는 단순한 참고 자료가 아니라 '시험 예상 문제'라고 생각하고 꼼꼼하게 학습해야 합니다. 시험 2주 전부터 시험 전날까지는 선생님의 수업 내용, 나누어 주는 프린트물, 수업 중 강조하는 내용 모두를 '시험 문제다.'라고 생각하고 집중해서 듣고, 철저히 공부해야 합니다.

③ 어떻게 공부해야 할까요?

시험공부에서 가장 중요한 것은 출제될 가능성이 높은 자료부터 우선적으로 공부하는 것입니다. 이번 주까지는 적게 보면 세 번, 많게 보면 다섯 번 이상 반복해서 공부할 수 있도록 계획을 세워야 합니다. 한번 생각해 보세요. 시험 문제는 주로 어디에서 출제될까요? 학교 수업 자료일까요? 아니면 학원 자료나 시중에서 판매되는 자습서와 문제집일까요? 당연히 대부분은 학교 수업 자료에서 출제됩니다.

학교 수업 자료에는 교과서, 부교재, 선생님의 판서 내용, 학습지, PDF 자료 등이 포함됩니다. 그런데 정작 중요한 학교 수업 자료들을 제대로 보지 않고, 학원 자료나 시중 문제집에만 의존한다면, 원하는 성과를 내기 어렵습니다. 그 결과 아무리 공부해도 투자한 시간과 노력에 비해 성적은 오르지 않고, 오히려 자존감만 낮아질 수 있습니다.

물론 학교 자료들을 충분히 공부했다면, 학원 자료나 문제집을 활용해 보충 학습을 하는 것도 좋습니다. 하지만 지금 이 시점에서 가장 중요하고도 시급한 일은 학교 수업 자료를 먼저 완벽하게 익히는 것이라는 사실을 잊지 말아야 합니다. 시험이 2주 남은 지금, 이번 주까지는 모든 학교 수업 자료를 적어도 3번 이상 꼼꼼하게 반복해서 공부해야 합니다. 이쯤에서 이런 생각이 들 수 있습니다. '시험 전까지 5번 이상 공부하라고 하더니, 왜 이번 주는 3번인가요?' 그 이유는 다음 주에도 한 번 더 정리할 시간이 있고, 시험 전날에도 최종 복습이 가능하기 때문입니다. 따라서 이번 주까지 3번 이상 공부해 두면, 남은 기간 동안 추가로 2번 이상 반복할 수 있어 충분히 5회 이상 공부가 가능합니다. 그러니 지금부터라도 마음을 다잡고, 이번 주까지 학교 수업 자료를 최소 3번 이상 완벽하게 내 것으로 만들도록 노력해야 합니다. 기본을 잘 다져야만 시험에서 좋은 성적을 기대할 수 있습니다.

④ 모든 문제를 다 풀어야 합니다

시험을 2주 앞둔 이번 주까지는 가지고 있는 모든 문제집과 각종 문제들을 모든 문제를 풀어야 하며, 끝까지 풀도록 노력해야 합니다.

그래야 시험이 1주일 남았을 때 학교 수업 자료를 더욱 세밀하게 반복 복습하고, 이미 풀었던 문제집의 오답이나 변별력 있는 심화 문제들을 다시 점검할 수 있기 때문입니다. 반대로 이번 주에 문제를 다 풀지 못하고, 시험이 1주일 밖에 남지 않은 시점에서 여전히 문제만 풀고 있다면, 이는 비효율적인 공부 방식입니다. 이런 경우라면 차라리 문제집을 푸는 것보다 학교 수업 자료를 기억하고 또 기억하는 것이 더 효과적입니다.

여기서 한 가지 주의할 점이 있습니다. 일부 학생들은 이번 주까지 문제집 두 권을 모두 풀고 나서, 시험 1주일 전이 되자 또 다른 문제집을 새로 구매해 그 문제만 매달리는 경우가 있습니다. 물론 더 많은 문제를 풀어 보겠다는 의지는 좋지만, 사실 시중 문제집에 수록된 대부분의 문제는 80% 이상이 유사한 유형이기 때문에 새로운 문제집을 풀기 시작하면 시간만 많이 소요되고, 이전에 풀었던 두 권의 문제집은 자연스럽게 방치되기 쉽습니다.

이럴 때는 이렇게 생각해 보세요. 새로운 문제집을 한 권 더 푸는 것이 좋을까요? 아니면 이미 풀었던 두 권의 문제집에서 오답을 점검하고, 중요한 유형과 풀이 과정을 다시 복습하는 편이 더 효과적일까요? 시험이 일주일 남은 시점에서는 당연히 후자를 선택하는 것이 바람직합니다. 그리고 시간이 더 남는다면, 학교 수업 자료의 핵심 내용을 기억하고 인출해보는 학습 활동을 반복하는 것이 훨씬 도움이 됩니다. 이미 풀었던 문제집을 꼼꼼히 다시 살펴보고, 정확히 이해하고 기억해 자기 것으로 만드는 학습 과정이야말로 실력을 갖춘 학생입니다. 시험 2주 전은 누구에게나 힘들고 지치는 시기입니다. 하지만 이럴 때일수록 목표를 향한 열정을 다잡고, 매 순간 시험을 생각하며 모든 문제를 성실히 풀어 간다면, 남은 일주일과 시험 당일은 자신감으로 가득 찰 것입니다.

7 시험 1주 전의 전략은?

역순 공부법에 따라 전 과목을 훑어보는 '단원별 빠른 복습'을 통해 큰 흐름과 주요 개념을 이해하고 기억하도록 합니다. 이후에는 틀린 문제와 약한 단원만 집중 공략해 효율적으로 점수를 끌어올릴 수 있도록 노력해 보세요.

이제 시험이 일주일 앞으로 다가왔습니다. 여기까지 오느라 정말 수고 많았습니다. 이제 거의 다 왔습니다. 이 시기가 되면 누구나 많이 지치고 힘듭니다.

'피곤해, 하루만이라도 푹 자고 싶다.' 이런 생각이 드는 건 당연합니다. 하지만 이럴 때일수록 나만 힘들다고 생각하지 마세요. 지금 이 순간에도 시험을 준비하는 많은 학생들이 비슷한 어려움을 겪고 있습니다. 하지만 모두가 자신의 꿈과 목표를 위해 최선을 다하고 있으니, 여러분들도 끝까지 포기하지 말고 학업에 집중해야 합니다.

① 시간 대비 공부량이 달라집니다

남은 일주일은 시간을 그 어느 때보다 시간을 소중히 써야 할 중요한 시기입니다. 왜 그럴까요? 바로 이 시기에는 공부 속도와 밀도가 평소와는 전혀 다르기 때문입니다. 예를 들어, 사회 과목의 한 중단원을 처음 공부할 때는 보통 1시간이 걸립니다. 그런데 두 번째 공부할 때는 이미 알고 있는 내용이 많기 때문에 30분이면 충분합니다. 세 번째, 네 번째 반복할수록 시간은 더욱 줄어듭니다. 네 번째쯤에는 10분에서 15분이면 충분히 복습을 마칠 수 있습니다. 처음에는 같은 내용을 1시간 걸려 공부했지만, 지금은 10~15분이면 반복 학습이 가능하다는 것입니다. 즉, 공부 속도가 5~6배까지 빨라지는 시기라는 뜻입니다. 달리 말하면, 과거에

6시간 걸리던 학습 분량이 지금은 1시간이면 충분히 끝낼 수 있습니다. 이처럼 시험 1주일 전은 학습 효율이 극대화되는 시기입니다.

그러므로 지금 남은 시간을 절대로 가볍게 여기지 말고, 매 순간 몰입해서 공부해야 합니다. 이 시기은 시간의 질도 다르고, 속도도 다르고, 밀도도 다르기 때문입니다.

❷ 생각을 바꿔 표시해 보세요

시험이 코앞으로 다가오면, 지금까지 공부해 온 방식과는 조금 다르게 접근해야 합니다. 교과서나 자습서를 두세 번 이상 반복해서 공부했더라도, 마지막 일주일은 더 빠르고 효과적인 방법이 필요합니다.

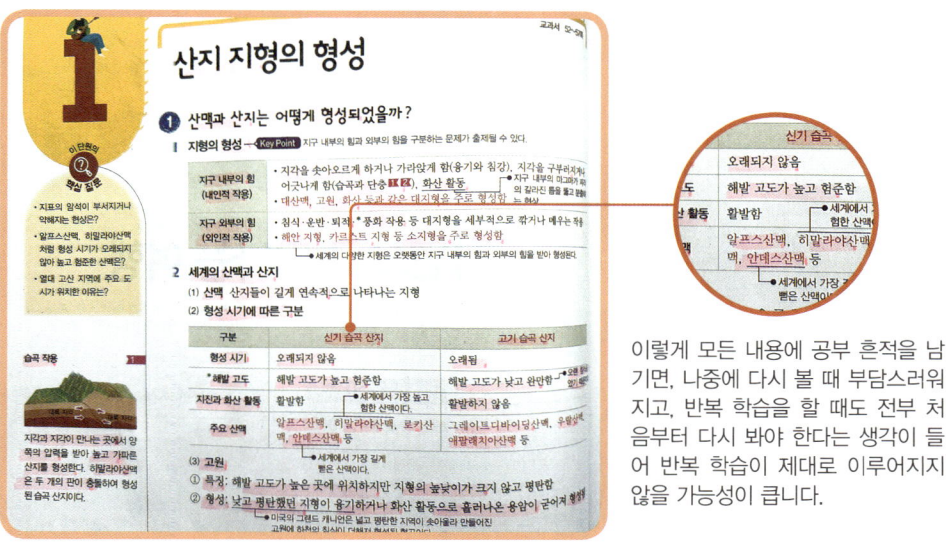

이렇게 모든 내용에 공부 흔적을 남기면, 나중에 다시 볼 때 부담스러워지고, 반복 학습을 할 때도 전부 처음부터 다시 봐야 한다는 생각이 들어 반복 학습이 제대로 이루어지지 않을 가능성이 큽니다.

어떤가요? 보기 쉬운가요? 모든 내용에 공부 흔적이 있기 때문에 보기도 힘들고, 반복 학습을 하려면, 모든 내용을 다시 봐야 한다는 시간적 부담도 굉장히 많을 것입니다. 그래서 공부 방법을 바꿔 보자는 것입니다.

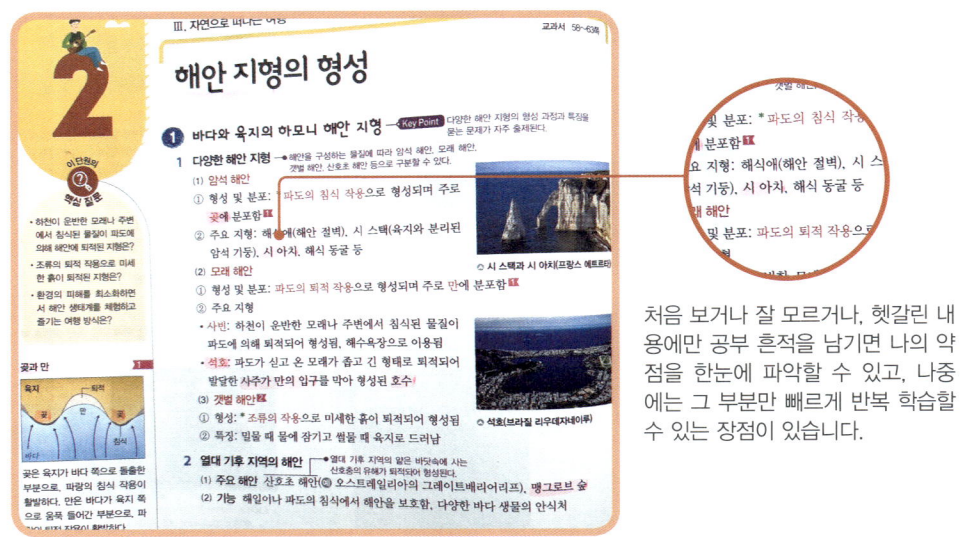

처음 보거나 잘 모르거나, 헷갈린 내용에만 공부 흔적을 남기면 나의 약점을 한눈에 파악할 수 있고, 나중에는 그 부분만 빠르게 반복 학습할 수 있는 장점이 있습니다.

위 사진에서 가장 먼저 눈에 띄는 것은 무엇인가요? 바로 형광펜으로 밑줄 그은 부분일 것입니다. 형광펜은 대부분 중요한 내용을 표시하는 데 사용됩니다. 그런데 시험이 코앞으로 다가온 시점에서는 사용 방법을 조금 바꾸는 것이 좋습니다. 이제는 중요한 내용을 표시하기보다 기억이 잘 나지 않는 단어나 개념, 아직도 헷갈리는 부분에만 형광펜 표시를 하는 것입니다. 이미 여러 번 반복 학습을 해 왔기 때문에 대부분의 내용은 기억하고 있을 겁니다. 이제는 정말 필요한 부분만 골라서 반복하면, 공부의 효율성이 훨씬 높아집니다.

또한 시험 당일 아침, 자습 시간이나 쉬는 시간에는 형광펜으로 표시한 내용만 빠르게 훑어보면, 부족한 부분을 마지막까지 보완할 수 있습니다. 핵심은 중요한 내용에 모두 공부 흔적을 남기려 하지 말고, 아직도 기억하지 못한 부분, 헷갈리는 부분에만 공부의 흔적을 남기는 것입니다. 이처럼 형광펜은 '선택과 집중'의 도구로 사용하는 것이 가장 효과적입니다.

8 포기하지 말고, 벼락치기라도 하세요

시험이 며칠 앞으로 다가왔습니다. 그런데 공부할 마음이 없었거나, 다른 과목에 집중하느라 정작 몇몇 과목은 제대로 준비하지 못했을 수도 있습니다. 그렇다고 해서 시험 자체를 포기하거나, 특정 과목을 포기해서는 안 됩니다. 지금이라도 벼락치기를 해서 끝까지 최선을 다해야 합니다. 물론 벼락치기는 바람직한 방법이 아닙니다. 이번 시험을 마지막이라 생각하고, 다음부터는 반드시 꾸준히 공부하는 습관을 들이길 바랍니다. 공부의 정답은 결국 '꾸준함'입니다.

1 한 과목당 20분만 투자하세요

이 방법은 한 번 이상 시험을 본 이후에 실천할 수 있는 벼락치기 전략입니다. 즉, 1학기 중간고사를 이미 치른 후라면 활용할 수 있습니다. 우선 이전에 봤던 시험지를 꺼내 과목당 20분씩 분석해보세요. 그러면 선생님의 출제 경향과 문제 유형을 보다 명확히 파악 할 수 있습니다.

- 사진 자료 문제를 자주 출제하였는지
- 그래프를 활용한 문제를 선호하였는지
- 교과서의 '날개' 코너에서 문제가 출제되었는지
- '더 알아보기' 같은 보충 자료에서 서술형이 출제되었는지
- 학습지 문제를 응용하였는지
- 특정 문제집과 유사한 문제가 많은지 등

이런 요소들을 파악할 수 있습니다. 망망대해에서 목적지도 없이 공부하는 것보다는 출제 경향을 파악하고 목표를 정해 공부하는 편이 훨씬 효과적입니다.

② 교과서 문제부터 풀고 기억하세요

시험이 코앞인데도 공부가 잘 되지 않아, 불안한 마음에 시중 문제집을 새로 구매해서 푸는 학생들이 많습니다. 하지만 이런 방식은 오히려 효율이 떨어집니다. 무엇보다 중요한 것은, 교과서에 실린 문제들을 정확히 이해하고 기억하는 것입니다.

예를 들어, 다음과 같은 문제들만이라도 정확히 파악하면, 시중 문제집을 무작정 푸는 것보다는 훨씬 좋은 결과를 기대할 수 있습니다.

- 교과서 하단의 단답형 문제
- 중단원 마무리 문제
- 대단원 마무리 문제
- 선생님이 배포한 학습지 문제

❸ 전략적으로 공부하고 있는 친구에게 도움을 요청하세요

공부를 열심히 하고 있는 친구에게 맛있는 간식과 시원한 음료를 챙겨서 가볍게 인사를 건네 보세요. 그리고 조심스럽게 다가가 교과서를 잠깐 빌릴 수 있는지 부탁해 보는 겁니다. 빌린 교과서를 살펴보면, 수업 중 선생님이 강조한 부분이나 중요한 내용을 표시해 둔 메모가 남아 있을 가능성이 높습니다. 그 내용을 그대로 자신의 교과서에 옮겨 적으면서 공부하면 시간이 부족한 상황에서도 핵심 내용을 빠르게 익히고 공부할 수 있는 매우 효율적인 학습 방법이 됩니다. 특히, 수업 중 어떤 부분을 강조했는지, 어떤 내용이 시험에 출제될 가능성이 높은지 등의 정보를 파악하는 데 도움이 됩니다. 물론 친구가 선뜻 공유하지 않을 수도 있지만, 진심을 담아 설득하면 기꺼이 도와줄지도 모릅니다.

이처럼 전혀 준비하지 못한 과목이라도 마지막까지 최선을 다해 노력하고 공부한다면, 생각보다 훨씬 좋은 결과를 받을 수 있습니다. 하지만 한 가지는 꼭 기억해야 합니다. 공부의 정답은 결국 '꾸준함'입니다.

9 기다리고 기다리던 시험 날

시험 당일에는 지나친 긴장보다 '준비한 만큼 최선을 다하자.'는 마음가짐을 갖는 것이 중요합니다. 실수에 대한 두려움보다는 한 문제씩 차분히 풀어가려는 자세가 좋은 결과를 이끕니다. 긍정적인 생각과 자신감을 유지하면 평소 실력을 최대한 발휘할 수 있습니다.

시험을 위해 며칠 동안 잠을 줄여 가며 열심히 공부해 왔을 것입니다. 그동안의 노력이 헛되지 않기 위해서는 시험 당일의 집중력과 컨디션 관리가 매우 중요합니다. 최상위권 학생이 되고 싶다면, 공부량 만큼이나 시험 당일의 '정신적인 능력'이 특히 중요합니다. 최상위 학생들도 예상치 못한 문제나 실수로 집중력이 흔들릴 수 있지만, 그들은 빠르게 회복하고 다시 본래의 실력을 발휘합니다.

정신적 회복력이 높은 사람은 보통 자신감이 높으며, 이는 평소의 치열한 학습 과정을 통해 만들어진 결과입니다. 지금까지 열심히 공부해 왔고, 목표를 이루고 싶다면 시험 당일 컨디션과 끝까지 집중하고 포기하지 않는 태도가 얼마나 중요한지 생각하며, 아래의 내용을 꼭 실천해 보세요.

① 자신감

절대 두려워하거나 긴장하지 마세요. 이 시험은 나만 보는 것이 아니라 전교생이 함께 치르는 시험입니다. 다른 학생들도 여러분과 비슷한 마음과 긴장감을 느끼고 있을 것입니다. 긴장과 두려움, 조급함은 뇌의 인출 능력을 떨어뜨릴 수 있습니다.

이런 감정이 몰려올 때는 심호흡을 깊게 하면서 마음속으로 외쳐보세요.

"나는 할 수 있다!"
"내가 공부한 내용에서 시험문제가 나올 것이다."
"내가 모르는 문제는 다른 친구들도 모를 것이다."

마음을 가라앉히고 자신감을 가지고 시험에 임하세요.

② 평소보다 일찍 등교하세요

시험 당일에는 절대 늦잠을 자면 안 됩니다. 전날 늦게까지 공부하느라 피곤하더라도 평소보다 일찍 일어나서 여유 있게 등교하세요. 평상시 등교 시간보다 30분~1시간 전에 등교해서 그날 치를 시험 과목과 관련된 개념이나 요약 내용을 훑어보면 집중력이 놀라울 만큼 올라가게 될 것입니다. 이 시간은 뇌가 스펀지처럼 정보를 빠르게 흡수하는 '기적의 시간'입니다. 이 시간을 최대한 활용하려면 일찍 등교하길 바랍니다.

③ 문제 풀이를 꼼꼼하게 하세요

시험에서 가장 중요한 것은 문제를 정확히 읽는 것입니다. 눈으로 훑지 말고 눈과 펜을 함께 활용해 읽는 습관을 키우세요. 문제 속에 있는 핵심 단어들, 예를 들면, '옳은 것', '옳지 않은 것', '가장', '두 개', '모두 고르시오.' 같은 표현은 꼭 기호로 표시하면서 읽어야 합니다. 보기항은 정답부터 고르려 하지 말고, 틀린 보기항을 하나씩 제거한 뒤 마지막에 정답을 선택하는 방식이 효과적입니다. 이 방법은 실수를 줄이고, 문제를 이해하지 못해도 정답을 유추할 수 있게 도와줍니다. 서술형 문제는 먼저 머릿속에서 내용을 정리한 후 작성하고, 작성한 답안을 다시 읽으며 감점 요소가 없는지 확인해야 합니다.

또한 시간 배분도 매우 중요합니다. 앞쪽 어려운 문제에 너무 오래 머무르면 뒤쪽에 쉬운 문제를 풀 기회조차 놓치게 됩니다. 따라서 어려운 문제는 표시를 해 두고, 쉬운 문제부터 해결한 뒤 마지막에 다시 도전하는 방식이 효과적입니다. 답안을 모두 작성한 후에는 꼭 다시 확인하세요. OMR 카드 작성 시 실수했을 경우, 교체를 요청하거나 수정 테이프를 사용할 때도 떨어지지 않도록 꼼꼼히 붙여야 합니다. 시험에서는 단 한 문제도 빠짐없이 꼼꼼하게 풀고, 자신이 선택한 답이 모두 정답이라는 자신감을 가지도록 하세요.

④ 쉬는 시간에 채점하지 마세요

시험이 끝난 직후, 친구들과 서로 문제 정답을 묻고 채점하는 경우가 많습니다. "23번 몇 번이야?", "서술형 뭐라고 썼어?"와 같은 질문이 쉬는 시간 동안 오가곤 하죠. 하지만 그 시간에 채점을 하는 것은 다음 시험에 좋지 않은 영향을 미칠 수 있습니다. 정답을 묻는 학생 대부분은 확신이 없을 때 질문하는 경우가 많고 실제로 틀릴 가능성이 높습니다. 그런 정보를 들으면 기분이 가라앉고, 자신감까지 떨어질 수 있어요. 이는 곧 이어지는 다음 시험까지 영향을 줍니다.

쉬는 시간에는 채점 대신 다음 시험 과목 준비하는 데 집중하세요. 이미 충분히 공부한 내용이라도, 시험 직전에 다시 보면 부족한 부분을 보완하는 데 큰 도움이 됩니다.

⑤ 시험 일정에 맞춰 학원을 가세요

많은 학생들이 학원을 다니고 있습니다. 하지만 일부 학원에서는 자신이 가르치는 과목만 강조하며 시험 일정을 고려하지 않는 경우도 있습니다.

예를 들어, 5월 2일에 국어와 수학 시험이 있는데, 5월 1일에 영어 학원에서 시험 대비 수업을 하자며 등원하라고 합니다. 이럴 때는 어떻게 해야 할까요? 당연히 학원에 가지 말고 국어와 수학 공부에 집중해야 합니다. 시험 일정에 맞춰 학원 선생님께 미리 일정을 알리고, 다른 날로 수업을 조정하거나 보강 일정을 요청하는 것이야 말로 사교육을 똑똑하게 활용하는 방법입니다.

시험은 단 하루만 보는 것이 아닙니다. 첫날 시험을 잘 봤다면 그 흐름을 유지하고 발전시켜야 하며, 첫날 시험이 만족스럽지 않았다면 다음 날 시험에서 충분히 만회할 수 있습니다. 정신적 회복력이 높은 사람은 자신감도 높습니다. 여러분도 자신감을 가지고 최선을 다하기 바랍니다.

10 이번 시험은 다음 시험의 거울!

우리가 원하는 목표를 이루기 위해서는 꼭 실천해야 할 행동과 하지 말아야 할 행동이 있습니다. 다음 시험에서 더 나은 성적을 원한다면, 이번 시험을 보면서 꼭 실천해야 할 행동들에 대해 설명하겠습니다.

① 채점과 오답 정리는 필수입니다

채점이 두렵게 느껴질 수 있습니다. 채점을 하다 보면 생각보다 많은 문제를 틀려서 마음이 힘들 수도 있습니다. 하지만 채점은 꼭 해야 합니다. 점수가 좋다면 성취감을 느낄 수 있고, 점수가 좋지 않더라도 오답 정리를 통해 부족한 부분을 보완하는 좋은 계기로 삼아야 합니다. 오답 문제 옆에 "왜 오답이 되었는가(Why)", "앞으로는 어떻게 해결할 것인가(How)"를 적으며, 반성의 시간을 갖는 것이 중요합니다. 내신 시험에서는 같은 문제가 다시 출제되지는 않지만, 모의고사에서는 유사한 문제가 출제될 수 있기 때문입니다.

"이제 시험을 본 후에는 반드시 채점과 오답 정리를 하세요."

② 선생님의 출제 경향을 파악하세요

선생님은 시험 출제자입니다. 따라서 본인이 중요하게 생각하는 내용이나 학생들이 꼭 알고 있어야 한다고 판단하는 내용을 중심으로 시험 문제를 출제합니다.

이런 경향을 잘 파악하면 효율적으로 다음 시험을 준비할 수 있습니다. 그럼 어떻게 출제 경향을 파악할 수 있을까요? 1학기 중간고사를 보지 않았다면, 작년 기출 문제를 준비하세요. 구하기 어렵다면 학교 도서관에 가면 쉽게 찾을 수 있습니다. 이미 시험을 본 적이 있다면, 그 시험지를 준비합니다. 그리고 수업 시간에 사용한 교과서, 부교재, 학습지 등을 책상에 펼쳐 두고 시험 문제와 비교하며 출제 경향을 분석해 보는 것이 좋습니다. 문제가 교과서에서 출제되었다면 어느 부분에서 출제가 되었는지, 어떠한 방식으로 수업 중 강조되었는지 확인해야 합니다. 학습지나 부교재에서 나온 문제도 마찬가지로 출제 빈도와 방식 등을 분석합니다. 이런 분석을 통해 선생님의 출제 경향을 파악할 수 있습니다.

예를 들어, 수업 중 강조한 부분이 출제되었다면 수업을 더 집중해서 들어야 하고, 교과서의 '스스로 확인하기'나 '단원 마무리'에서 출제되었다면 그 부분을 확실히 공부해야 합니다. 이제 시험이 끝난 후에는 선생님의 출제 경향을 분석하고, 다음 시험을 위한 치밀한 전략을 세워 보세요.

③ 내가 공부를 제대로 하고 있는 걸까?

시험이 끝나면 불안한 감정과 긴장감도 함께 사라집니다. 성적이 향상된 학생도 있고, 그렇지 않은 학생도 있겠지만 시험이 끝났다는 사실만으로도 마음이 놓일 수 있습니다. 그러나 시험이 끝났다고 해서 마냥 쉬는 것보다는, 그동안의 자신의 공부 과정과 결과를 돌아보며 스스로 냉정하게 평가하는 시간이 필요합니다.

> "같은 일을 반복하면서 다른 결과를 기대하는 것은 미친 짓이다."
> —아인슈타인—

스스로 살이 찐 것 같아서 다이어트를 하겠다고 결심했지만, 기존 식습관을 유지하고 운동도 하지 않으면 체중 변화는 없을 것입니다. 공부도 마찬가지입니다. 좋은 성적을 받은 학생, 성적이 떨어진 학생 모두 그 이유가 있습니다. 그 이유를 찾아내고 잘한 점은 유지하고, 부족한 점은 개선해야 성적이 향상됩니다. 예습, 수업, 복습, 반복 학습, 회독, 문제 풀이, 오답 정리, 수행평가, 학원 수업과 숙제, 시간 관리, 공부 습관 등을 구체적으로 돌아보면서 잘한 점과 개선할 점을 정리하고 꼭 글로 작성해 보세요. 느끼는 바가 많을 것입니다.

이 글을 책상 앞에 붙여두고, 공부가 안 되거나 슬럼프가 왔을 때 읽어보세요.

"그때 이렇게 했더니 성적이 좋았구나."
"이렇게 했기 때문에 성적이 안 나왔구나."

이처럼 지난 경험을 되새기는 것만으로도, 다시 공부에 대한 의지를 되살릴 수 있습니다.

11 시험 후 공부를 포기하고 싶을 때

시험이 끝나면 공부를 포기하겠다고 이야기를 하는 학생들이 있습니다. 이유를 물어 보면 진짜 열심히 했는데도 성적이 오르지 않아 속상하다는 겁니다.

지성이의 고민입니다.

"선생님, 지난 중간고사 때는 공부를 하나도 안 했어요. 그런데 저보다 공부를 못하던 친구들이 더 좋은 성적을 받는 것을 보고 깜짝 놀랐습니다. 그래서 이번 기말고사는 정말 열심히 공부했는데, 점수가 그대로예요. 머리가 나쁜 걸까요? 너무 속상해요."

혹시 이런 경험을 해본 적 있나요? 그 이유를 함께 살펴볼게요.

달리기를 예로 들어 보겠습니다. 홍민이는 매일 꾸준히 달리기를 해 온 반면, 지성이는 운동을 거의 하지 않다가 일주일 동안 집중적으로 달리기를 했습니다. 그럼 두 사람의 실력이 같아졌을까요? 아닙니다. 오히려 지성이는 근육통만 생기고 실력은 늘지 않았다고 느껴질 수 있습니다. 오히려 지성이는 이렇게 말할지도 모릅니다.

"아파요. 열심히 하려 했는데 실력은 안 늘고, 근육통만 생겼어요."

몸도 아프고, 마음도 아픈 상태에서 지성이는 이런 생각을 할 수 있습니다. '이렇게 아픈데도 실력이 늘지 않으니, 달리기를 포기할까?' 하는 지성이의 마음, 충분히 이해됩니다. 하지만, 이 고비를 넘기고 꾸준히 운동을 이어 가야 근육통이 풀리면서 실력이 오르기 시작합니다. 여러분의 성적도 이와 비슷합니다. 열심히 공부했는데 성적이 크게 오르지 않았다고 해서, 공부를 포기해서는 안 됩니다. 조금만 더 꾸준히 반복하다 보면 점차 성적이 오르는 변화를 직접 체감할 수 있을 것입니다.

이번 시험을 준비하면서 다져진 공부 습관, 공부 방법, 공부량 그리고 경험은 매우 소중한 자산입니다.

이번 경험을 바탕으로 다음 시험을 준비할 때는 이전보다 더 효율적으로, 더 많이, 더 오래 공부할 수 있을 것입니다.

그때부터 '공부의 근육통'이 서서히 사라지고, 성적이 오르는 변화를 눈으로 확인하게 될 것입니다.

두 번째 흥민이의 고민입니다.

"선생님, 저는 이번에 정말 과학 공부를 열심히 했어요. 그런데 제 친구는 과학이 어렵다고 포기하고 공부를 안 했거든요. 그런데 막상 성적을 보니까, 그 친구와 제 점수가 거의 비슷했어요. 이럴 거면 공부를 왜 해야 하나요? 혹시 저는 공부 머리가 없는 걸까요?"

혹시 여러분도 이와 비슷한 생각이나 경험을 해본 적 있나요? 이 고민은 두 가지 측면에서 나누어 생각해 볼 수 있습니다.

첫 번째, 시험 난이도에 대한 문제입니다.

이번 시험은 최상위권 학생들의 변별력을 위한 시험이었습니다. 쉽고 평이한 문제는 거의 없었고, 중하위권 학생들은 손을 대기 어려울 정도로 교과 내용을 깊이 있게 묻는 문제가 많았습니다. 그렇다 보니 중하위권 학생들에게는 실력보다 운에 따라 점수가 좌우되는 경우도 생깁니다. 이런 일도 종종 있으니, 너무 상심하지 마세요. 만약 전체 평균 점수가 지나치게 낮게 나왔다면, 선생님도 다음 시험에서 출제 방향을 조정하게 됩니다. 그때까지 꾸준히 노력한다면, 결국에는 포기한 학생들보다 훨씬 더 높은 점수를 받을 수 있습니다. 지금은 힘들 수 있어도, 포기하지 않고 계속 나아가는 것이 가장 중요합니다.

두 번째, '아직 성과가 드러나지 않은 시점'일 수 있습니다.

예를 들어 설명해 보겠습니다. 정답의 기준이 100%라고 가정해 봅시다. 지성이는 100%를 공부했으니 정답을 맞히는 것이 당연하겠죠. 흥민이는 80%를 공부했습니다. 이 경우는 정답일까요, 오답일까요? 안타깝지만 기준이 100%이므로 80%의 이해는 오답 처리가 됩니다. 강인이는 0%를 공부했으니 역시 오답이고요.

강인이는 애초에 공부를 하지 않았기 때문에 문제가 틀렸더라도 아쉬움도 크지 않을 것입니다. 하지만 흥민이는 공부를 어느 정도 했기 때문에, 오답이 되면 오히려 더 속상하고 아쉽겠죠. 더 안타까운 점은, 노력한 흥민이의 결과가 공부를 전혀 하지 않은 강인이와 똑같은 오답이라는 사실입니다. 이럴 때 흥민이는 이런 이야기를 듣게 됩니다.

"공부한 게 맞니?"
"머리가 나쁜 거 아니니?"
"그동안 뭘 한 거니?"

흥민이는 시험지를 보면 알고 있다는 느낌이 듭니다. 하지만 약 20% 정도가 부족하다 보니, 개념들이 머릿속에서 뒤섞이고 혼란스럽게 느껴지는 것입니다. 흥민이는 80%까지는 충분히 노력했습니다. 하지만 마지막 20%의 마무리를 하지 못한 탓에, 결국 그동안의 노력이 제 실력을 발휘하지 못한 채 끝나 버린 셈입니다. 공부를 했는데도 성적이 오르지 않았다면, 스스로가 80% 정도까지만 공부했음을 인정하고 받아들여야 합니다. 그리고 다음 시험을 준비할 때는 '지금의 나는 80%까지 왔구나.'라고 생각하고, 부족한 20%를 채우기 위해 한 걸음 더 깊이 들어가 보세요. 마지막까지 마무리를 잘 다듬어 나간다면, 성적이 눈에 띄게 오를 것입니다.

윌리엄 셰익스피어(William Shakespeare)는 "끝까지 해보지도 않고 포기하는 것은 어리석은 짓이다."라고 말했습니다. 잠시의 어려움에 주저앉지 않고 꾸준히 나아간다면, 분명히 원하는 목표에 도달할 수 있습니다.

10
방학은
성장할 수 있는
기회의 시간

"열심히 일한 당신, 떠나라."는 문구는 2000년대 초반 한 카드 회사 광고의 유명한 브랜드 카피입니다. 그렇다면 한 학기 열심히 공부해 온 학생들에게 방학은 정말 쉬어도 되는 시간일까요? 아니면 다음 학기를 위해 마음을 다 잡아야 할까요?

방학은 3개월, 혹은 6개월입니다

많이 노력하고, 열심히 공부했는데도 성적이 오르지 않거나 오히려 떨어질 때, 많이 속상하고 심지어 공부 자체가 싫어질 수 있습니다. 왜 이런 결과가 나오게 될까요? 다음 내용을 천천히 읽으며, 앞으로 공부할 때의 마음가짐과 방향을 함께 생각해 보세요.

프로야구를 예로 들어 볼까요? 선수들은 시즌이 끝난 겨울 '스토브리그' 기간을 통해 부족한 기술과 체력을 보완하고 다음 시즌을 준비합니다. 이 시기의 훈련 강도와 집중도에 따라 다음 시즌의 성적이 좌우되며, 선수들의 연봉도 달라지게 되죠. 선수들이 시즌을 준비하듯, 학생들 또한 다음 학기를 위한 준비가 필요합니다. 성적에 따라 진학과 진로가 달라질 수 있기 때문에, 방학을 단순한 휴식 기간이 아닌 실력을 향상시킬 수 있는 기회로 삼아야 합니다. 그렇다면 여름방학은 몇 개월일까요?

달력상으로는 1달 남짓이지만, 단순히 날짜만으로 계산해서는 안 됩니다. 실제로 공부 가능한 시간과 학습량을 기준으로 판단해야 합니다. 이런 관점에서 보면, 여름방학은 실제로 3개월, 겨울방학은 6개월과 같은 효과를 낼 수 있습니다.

예를 들어 보겠습니다. 학기 중에는 학교 수업과 학원을 다니다 보면, 하루에 순수하게 공부할 수 있는 시간이 약 3시간 정도였을 겁니다. 그런데 방학 중에는 학교에 가지 않기 때문에, 그 시간을 고스란히 공부에 사용할 수 있습니다. 오전 3시간, 오후 3시간, 저녁 3시간. 하루에 총 9시간의 공부가 가능해집니다.

물론, 늦잠을 자고 게임이나 TV 시청, 휴대폰 사용으로 하루를 보낸다면 불가능합니다. 실제로 학생들에게 방학 동안 무엇을 하는지 물어보면, 대부분 비슷한 대답이 돌아옵니다. "놀아요", "스마트폰 해요", "TV 봐요", "학원 가요" 등. 이런 생활이 반복된다면, 방학 기간은 실력 향상은 물론 자기 개발의 기회마저 놓치게 됩니다.

방학을 효과적으로 보내기 위해서는 학기 중처럼 비슷한 생활을 유지하는 것이 중요합니다. 학교에 가던 시간에 기상하고, 수업을 듣던 시간에 스스로 공부하며, 학원 가던 시간에 학원을 가면서 학기 중처럼 생활하라는 거예요. 이런 생활을 유지하면 학기 중 하루 3시간 공부하던 학생이 방학 중 9시간씩 공부할 수 있습니다. 실제로는 3배에 달하는 공부 시간이 확보됩니다. 따라서 여름방학은 실질적으로 3개월, 겨울방학은 6개월 공부량을 확보할 수 있다는 뜻입니다. 이런 준비를 한 학생은 2학기 중간고사와 기말고사에서 좋은 성적을 거두는 것이 당연합니다.

방학을 단순한 휴식의 기간이 아닌, 다음 학기를 도약하는 기간으로 인식하고 노력해 보시기 바랍니다. 공부 시간으로 계산한 여름방학은 1개월이 아니라 3개월, 겨울방학은 6개월이라는 사실을 꼭 기억하세요.

① 무작정 공부하지 마세요

방학은 학기 중보다 시간이 비교적 여유롭습니다. 하지만 뚜렷한 계획 없이 지내다 보면 한두 달이 순식간에 지나가고 나서야 "그때 공부 좀 해 둘걸.", "좀 더 계획적이으로 보낼걸." 하는 후회가 남을 수 있습니다. 반면, 구체적인 계획을 세우면 방학 기간 동안 공부, 취미, 휴식 등 다양한 활동을 균형 있게 할 수 있으며, 시간을 훨씬 더 효율적으로 사용할 수 있습니다.

1. 규칙적으로 생활하세요

방학 동안 새벽까지 스마트폰을 하거나 늦잠을 자는 등 불규칙한 생활을 하게 되면 생체 리듬이 무너져 개학 후 학교생활에 적응하는 데 어려움을 겪을 수 있습니다. 규칙적인 생활 습관은 신체적, 정신적 건강을 유지하는데 필수이며, 방학 중에도 꾸준히 유지하는 것이 바람직합니다. 무엇보다 가장 먼저 정해야 할 것은 기상 시간과 취침 시간입니다. 이 시간을 중심으로 하루 동안 공부할 수 있는 시간을 계

산하고, 그에 맞춰 학습량을 계획하는
것이 좋습니다.

방학 기간 중에 공부를 완전히 놓아
버리면 개학 후 다시 공부를 시작할 때
큰 부담을 느끼게 됩니다. 방학은 스스
로 학습 계획을 세우고 실천할 수 있는

절호의 기회입니다. 규칙적인 생활 속에서 자기 주도 학습 능력을 키워 보시기 바
랍니다.

2. 구체적인 목표를 설정해 보세요

방학 동안 해야 할 공부의 양과 이루고자 하는 목표에 대해 구체적으로 계획을
세우는 것이 중요합니다. 비교적 여유가 있는 방학 기간에는 배우고 싶었던 것, 해
보고 싶었던 것, 여행 등 다양한 활동을 떠올리며 단기 목표와 중·장기 목표를 함
께 설정하는 것이 좋습니다. 이때 실현 가능한 목표를 세워야 성취감을 느낄 수
있습니다. 예를 들어, 영어 단어장 전부 암기하기, 수학 문제집 한 권 풀기, 과학
1~2단원 인터넷 강의 듣고 노트 정리하기, 책 4권 읽기, 매일 1시간 운동하기 등
과 같은 단기 목표를 세울 수 있습니다. 여기에 국어 95점 이상 받기, 수학 1등급
올리기 같은 중·장기 목표를 함께 더해 보세요.

목표를 세웠다면, 그 목표를 달성하기 위한 세부 계획도 함께 수립하는 것이 중
요합니다. 매일 오전 7시부터 8시는 운동, 매주 월, 수, 금 오전 9시부터 11시는 수
학 공부, 매일 오후 1시부터 2시는 독서, 둘째 주 주말에는 순천 여행 등과 같이 구
체적으로 계획을 짜는 것입니다. 이렇게 만든 계획표는 책상 앞이나 방문 등 눈에
잘 띄는 곳에 붙여 두고, 틈틈이 실천 상황을 점검해 보시기 바랍니다.

3. 게임하고 공부하기? 공부하고 게임하기?

　방학 동안 학생들이 가장 많이 하는 고민 중 하나는 '게임'입니다. 무조건 하지 말라고 하지는 않겠습니다. 다만, 공부를 우선시하고 명확한 규칙과 시간을 정해 현명하게 즐긴다면, 오히려 정신적인 피로를 해소하고 다시 공부에 집중할 수 있는 에너지를 얻을 수도 있습니다. 그렇다면 '게임하고 공부하기'와 '공부하고 게임하기' 중 어떤 방식이 더 나쁠까요? 결론부터 말하자면, 둘 다 좋지 않습니다. 공부해야 할 날에는 가급적 게임을 하지 않는 것이 바람직합니다. 심지어 해야 할 공부를 마쳤다고 해도, 평일에는 게임을 쉬는 편이 좋습니다.

　학생들이 종종 이렇게 말하곤 합니다.

　"엄마, 게임 한 판만 하고 공부할게요. 게임 끝나면 진짜 열심히 할게요."

　이렇게 허락을 받아 게임을 시작하면, 분명히 끝이 있겠죠. 그런데 게임이 끝난 후에 기분이 좋아져 스트레스가 확 풀리고 공부에 몰입하게 되나요? 오히려 게임이 끝나면 아쉬움이 남고, 계속하고 싶다는 생각이 들며, 그와 동시에 공부해야 한다는 부담감이 겹쳐 마음이 복잡해지는 경우가 많습니다.

　게임 후에 공부를 더 열심히 하겠다는 약속은 대부분 지켜지지 않습니다. 그 이유는 게임이 뇌에 많은 자극과 에너지를 요구하는 활동이기 때문입니다.

　게임을 하는 동안 전략을 세우고, 빠르게 반응하며, 손가락을 바쁘게 움직입니다. 동시에 효과음을 듣고, 채팅을 주고 받으며 뇌의 여러 영역이 동시에 많이 사용됩니다. 하지만 이처럼 높은 몰입도와 자극 속에서 지치지 않는 이유는 '도파민'이라는 신경 전달 물질이 분비되기 때문입니다.

　문제는 게임이 끝난 후입니다. 도파민 분비가 멈추고 뇌는 지쳐 있는 상태인데, 이제 공부를 시작해야 한다면 과연 집중이 잘 될 수 있을까요? 대부분의 경우 졸리거나 멍해지고, 결국 공부에 몰입하지 못하게 됩니다. 그래서 공부해야 할 날에는 게임을 피하고, 공부와 휴식의 균형을 맞춰 에너지를 회복하는 것이 중요합니다.

게임하고 나니 더 졸려~!

또한 게임을 한 후에 공부를 하게 되면 집중하기도 어렵고 학습 효과도 크게 떨어져 그 공부는 의미가 없습니다. 게임의 화면과 소리 등이 여전히 머릿속을 맴돌기 때문에, 책상에 앉아 있어도 뇌는 여전히 게임 중인 것 처럼 느껴집니다.

"그때 그렇게 했어야 했는데", "다음에는 이렇게 해 봐야겠다", "다음 장면은 뭘까" 같은 생각이 계속 떠오르며, 공부에 전혀 집중하지 못하게 됩니다.

이런 이유로 일부 학생은 '그렇다면 공부하고 게임하자.'라고 생각합니다. 하지만 이 역시 바람직하지 않습니다. 게임을 하기 위해 공부를 빨리 끝내야 한다는 압박감이 생기면서 이해, 사고, 암기 과정 없이 문제만 대충 푸는 공부로 이어질 수 있기 때문입니다. 특히 저학년 때는 글씨도 또박또박 쓰고 정성 들여 쓰던 학생이, 학년이 올라갈수록 글씨가 지렁이처럼 흐트러지는 이유도 여기에 있습니다. 그 이유는 정성껏 쓰면 시간이 오래 걸려 그만큼 게임 시간이 줄어든다고 생각하기 때문에 빨리 쓰기만 하려는 것이죠.

이처럼 게임에 많이 노출된 학생들의 특징은 사고력과 기억력이 부족하고, 문제를 빨리 풀려는 성향이 강하다는 점입니다. 공부를 눈으로만 대충 읽고 끝내거나, 양간 채우는 방식으로 하다 보니 깊이 있는 공부가 되지 않고, 결국 문제도 많이 틀리고 실수를 많이 하게 됩니다. 더 큰 문제는, 몇 시간 동안 공부했는데도 다음 날이 되면 대부분의 내용을 기억하지 못한다는 것입니다. 왜 이런 일이 생길까요? 우리 뇌에는 '해마'라는 단기 기억 저장소가 있는데, 이 해마는 중요한 정보를 대뇌피질로 보내 장기 기억하게 하고, 그렇지 않은 정보는 잊어버리도록 되어 있습니다. 그런데 공부를 열심히 한 뒤 곧바로 게임을 하면, 게임의 자극적인 영상과 소리, 반복되는 이미지가 새롭게 해마에 입력되면서, 이전에 공부 내용이 밀려나 사라지게 되는 것입니다.

결국 공부를 안 한 것도 아니고 머리가 나쁜 것도 아닌데, 성적이 잘 나오지 않는 이유는 이런 잘못된 학습 과정 때문입니다. 따라서 공부를 마친 직후에는 게임을 하기보다, 방금 공부한 내용을 반복하거나 스스로 설명해 보는 시간을 갖는 것이 중요합니다. 그래야 해마가 '이 정보는 중요하구나.'라고 인식하고 장기 기억으로 전환시킬 수 있습니다.

학생들은 종종 이렇게 묻습니다.

"게임은 안 되더라도 유튜브나 웹툰은 괜찮지 않나요?"

결론적으로는 유사합니다. 유튜브, 웹툰도 자극적인 시각 정보와 음향, 빠른 장면 전환 등을 통해 인해 뇌에 강한 자극을 주기 때문에 공부 전후에는 피하는 것이 좋습니다. 실제로 학원에 등원하는 버스에서 유튜브를 시청한 학생들 중 상당수가 수업에 집중하지 못하는 모습을 자주 볼 수 있었습니다.

중요한 것은 게임, 유튜브, 웹툰을 완전히 하지 말라는 것이 아닙니다. 청소년기에는 일정 수준의 여가와 즐거움이 필요하며, 이를 적절하게 즐기는 것은 오히려 정서적 안정에 도움을 줄 수 있습니다. 다만, 평일에는 가능한 한 자제하고, 주말에 한 주 동안 세운 계획을 잘 마친 뒤 보상 시간으로 제한적으로 이용하는 것이 바람직합니다. 이때 '몇 시부터 몇 시까지', '어디에서' 할 것인지를 부모님과 함께 약속하고 실천하는 것이 좋습니다. 이렇게 규칙적으로 사용하면 집중해서 공부할 수 있고, 스마트폰이나 게임에 대한 중독을 예방할 수 있으며, 부모님과의 갈등도 줄일 수 있습니다.

결론적으로, 평일에는 '게임하고 공부하기'도, '공부하고 게임하기'도 하지 않는 것이 좋습니다. 계획적인 주말 보상을 통해 더 건강하고 효과적인 학습 습관을 만들어 가길 바랍니다.

4. 공부 속도가 너무 느리면 집중하기 힘듭니다

여러분, 게임 좋아하시죠? 그럼 자동차 게임을 하고 있다고 상상해 보세요. 게임을 시작했는데, 가장 중요한 자동차가 너무 느리게 움직입니다. 느려도 너무 느리면 게임에 집중하기가 어렵고 재미도 잘 느껴지지 않습니다. 속도가 느리다 보니 다른 생각이나 딴짓을 하게 되고, 결국 재미없고 짜증만 나겠죠. 이럴 땐 오히려 게임이 스트레스로 느껴질 수 있습니다.

반대로 이번에는 자동차의 속도가 엄청 빠른 게임이라고 생각해 보세요. 너무 빨라서 화면에 얼굴이 가까워지고, 몸까지 움직이며 조작하게 될 것입니다. 심지어 무심코 소리를 내며 완전히 몰입하게 되겠죠. 빠른 속도 때문에 다른 행동이나 생각은 할 틈도 없이 집중하게 됩니다. 바로 이것이 집중입니다. 이렇게 공부하는 것이 가장 좋은 방법입니다.

공부가 지겹고 힘들다고 느끼는 학생들 중에는 공부 시간을 질질 끌며 보내는 경우가 많습니다. 그러나 이런 방식은 느린 자동차 게임처럼 집중력을 떨어뜨리고, 공부 자체를 더 힘들게 만듭니다. 집중하지 못한 채 멍하니 앉아 있거나 졸거나 손장난만 하면서 시간을 보내는 것은 아무런 도움이 되지 않습니다. 단지 책상에 앉아 있었다는 이유로 공부했다고 착각할 뿐입니다.

공부한 만큼 성적이 오르지 않으면 실망하게 되고, 결국 자존감이 낮아지며 악순환이 반복됩니다. 이제는 빠른 자동차 게임처럼 몰입감 있는 공부를 시작해 보세요. 예를 들어, 예전에는 1시간 동안 질질 끌며 공부했다면, 이제는 30분만 정말 열심히 공부하고, 나머지 30분은 온전히 쉬는 것이 좋습니다. 2시간 동안 무기력하게 앉아 있기브다는 1시간을 집중해서 공부하고, 1시간은 제대로 휴식하는 편이 성적 향상에도, 정신 건강에도 더 도움이 됩니다.

공부할 때는 집중해서 빠르게 읽고, 쓰고, 기억한 내용을 떠올리며 문제를 풀어 보는 습관을 키워 보세요. 그런 다음 나머지 시간은 편안하게 쉬는 것입니다. 물론, 처음에는 속도를 높이는 과정에서 약간의 실수는 있을 수 있지만, 시간이 지나면 실수는 점점 줄어들고, 학습 효과는 분명히 높아집니다.

집중해서 공부한 시간에는 시간 가는 줄 모르게 몰입할 수 있으며, 기억한 내용도 훨씬 더 잘 떠오를 것입니다. 그 결과 문제도 술술 풀리고, 오답보다는 정답이 많은 시험지를 보며 뿌듯함과 함께 작지만 확실한 성취감을 느낄 수 있습니다. 이는 곧 공부에 대한 가능성과 자신감을 키워 주는 씨앗이 됩니다.

공부의 속도를 높여 보세요. 그것이 집중력을 키우고, 공부의 질을 높이는 첫걸음입니다.

② 방학 중 과목별 공부 방법

방학처럼 시간이 비교적 여유로운 시기에는 좋아하고 잘하는 과목에 집중해야 할까요? 아니면 부족하거나 점수가 잘 나오지 않는 과목에 더 집중해야 할까요?

정답은, 점수가 잘 나오지 않는 과목에 집중하는 것입니다. 학기 중에 힘들다고 느꼈던 과목, 점수가 잘 나오지 않았던 과목에 더 많은 시간을 투자하여 개념을 확실하게 다지고, 문제 해결 능력을 높이는 것이 필요합니다. 그렇다고 특정 과목에만 지나치게 집중하면 안 됩니다. 모든 과목을 균형 있게 학습하려는 태도가 중요합니다.

1. 국어

국어는 교과서에 수록된 문학 작품은 전체가 아닌 일부만 있는 경우가 많습니다. 작품 일부만 읽어서 전체 맥락을 이해하기 어려우므로, 작품 전체를 읽어 보는 것이 보다 깊이 있는 감상과 해석에 도움이 됩니다. 또한 교과서와의 다양한 문학 작품을 읽고 감상함으로써 독해력을 기르는 것이 필요합니다.

비문학 영역은 다양한 주제의 지문을 읽고 중심 내용 파악, 요약, 추론하는 연습을 계획적으로 꾸준히 해야 합니다. 문법은 참고서를 활용해 개념을 정리하고, 다양한 어문을 통해 정확하게 이해한 뒤, 문제를 반복해 풀면서 개념을 실제로 적용할 수 있도록 해야 합니다.

우리말의 50% 이상이 한자어로 이루어져 있으므로, 국어 공부에서 한자 학습은 매우 중요합니다. 방학 기간 동안 기초 한자를 꾸준히 쓰고 익혀 두면, 생소한 낱말의 의미도 맥락을 통해 유추할 수 있는 어휘 감각이 길러집니다. 여기에 고사성어까지 함께 익히면 어휘력과 독해력 향상에 더욱 효과적입니다.

2. 수학

수학은 개념서를 통해 각 단원의 개념과 원리를 정확히 이해하는 것이 중요합니다. 공식을 단순히 외우는 데 그치지 말고, 개념과 함께 기억해야 실전에서 적용할 수 있습니다. 개념을 이해한 후에는 다양한 유형의 문제를 풀어 보면서 문제 해결 능력을 키워야 합니다. 문제를 풀 때는 학습 난이도에 따라 오늘은 A단계, 내일은 B단계, 모레는 C단계와 같이 단계를 나누어 연습하면, 실력을 더욱 탄탄하게 쌓을 수 있습니다. 또한 틀린 문제는 꼭 분석해야 합니다. 왜 틀렸는지, 어떻게 접근했어야 하는지를 스스로 생각하고, 직접 다시 풀어 봐야 합니다.

3. 영어

영어 학습의 기본은 단어 암기입니다. 단어를 알아야 독해, 작문, 문법 공부도 제대로 할 수 있습니다. 매일 학습 계획을 세워 새로운 단어를 암기하고, 예문이나 지문을 통해 단어의 다양한 뜻과 쓰임을 익혀야 합니다.

문법은 교재를 활용해 기본적인 규칙을 이해하고, 문장 구조 분석 연습부터 시작해 보세요. 공부한 내용을 자신만의 언어로 정리해 문법 노트를 만들어 두면 복습에 유용합니다. 그 다음에는 이후 문법 규칙을 적용하여 다양한 유형의 문제를 풀고, 틀린 문제는 어떤 규칙을 몰라서 틀렸는지 기록해 두었다가 다시 풀어 보는 과정이 필요합니다. 또한 배운 문법을 바탕으로 주어진 주제에 대해 직접 영작을 해 보는 것도 큰 도움이 됩니다. 독해는 매일 다양한 수준의 지문을 읽고, 내용을 파악하는 연습을 해야 합니다. 모르는 단어가 나왔을 때는 앞뒤 문맥을 통해 단어의 의미를 유추한 후 사전을 활용해 정확하게 이해하고 암기해야 합니다.

4. 과학

과학은 교과서나 참고서를 꼼꼼히 읽으면서 이해되는 부분은 스스로 학습하고, 어려운 부분은 인터넷 강의를 활용하는 것이 효과적입다. 핵심 개념과 용어, 공식, 예시 등을 정리해 두면 복습이 훨씬 수월합니다. 개념을 학습한 후에는 반드시 문제를 풀어 보며 학습 내용을 점검해야 하죠. 그리고 오답은 왜 틀렸는지 분석하고, 관련 개념을 다시 공부한 후 다시 풀어 보도록 합니다.

5. 사회와 역사

사회와 역사는 흔히 암기 과목이라고 하지만, 이해되지 않은 내용은 오래 기억하기 어렵습니다. 따라서 교과서를 여러 번 정독하고, 내용을 깊이 이해하는 것이 중요합니다. 이때 지도, 그림, 그래프, 사진 등 다양한 시각 자료를 잘 살펴보면 개념을 이해하는 데 큰 도움이 됩니다. 사회 과목은 단순히 내용을 외우는 것을 넘어, 여러 사회 현상과 이론을 실제 사례와 연결 지어 생각해 보는 것이 좋습니다.

역사 과목은 시대별 주요 사건의 원인과 결과, 인물의 삶과 업적, 당시 사회의 모습이나 문화 특징을 정리해 두고 반복 학습을 하세요.

방학 동안에는 특정 과목에만 집중하기보다, 다양한 과목을 균형 있게 공부할 수 있도록 계획을 세우는 것이 중요합니다. 무조건 암기하기보다는 이해를 중심에 두고 학습하며, 이해가 어려운 부분은 인터넷 강의를 활용해 보완하는 것이 좋습니다. 그리고 하루 종일 공부만 하기보다는, 공부와 휴식의 균형을 유지해 학습 효율을 높여 보세요.

❸ 방학 중 인터넷 강의를 제대로 들어보세요

그런데 어떻게 하면 효과적으로 들을 수 있을까?

방학은 인터넷 강의와 함께!

　방학은 비교적 시간이 여유로운 시기입니다. 이 기간에 부족한 부분을 보완하거나 다음 학기를 준비하기 위해 인터넷 강의를 활용하는 것도 좋은 방법입니다. 인터넷 강의는 인터넷 연결만 되어 있다면 언제 어디서든 수업을 들을 수 있어 학습의 유연성이 뛰어납니다. 학원이나 과외처럼 정해진 시간에 이동할

필요 없이, 자신의 일정에 맞춰 학습 시간을 조절할 수 있고, 이동 시간도 절약할 수 있습니다. 또한 수강료도 저렴하고, 원하는 만큼 학습 내용을 여러 번 반복해서 시청할 수 있어 학습 효과를 높이는 데 유리합니다. 무엇보다도 가장 큰 장점은 유명 강사의 수업을 원하는 장소에서 편안하게 들을 수 있다는 점입니다. 이렇게 장점이 많은 인터넷 강의, 어떻게 하면 가장 효과적으로 활용할 수 있을까요?

1. 주변 환경과 마음가짐이 중요해요

　공부에 대한 의지가 강한 학생이라면 문제가 없겠지만, 많은 학생에게 가장 큰 어려움은 인터넷상의 다양한 유혹입니다. 메시지를 보지 않겠다고 결심해도, 계속 오는 알림에 한 번만 확인하려 해도 대화를 주고받는 사이에 강의 시간이 끝나버리기도 합니다. 이런 유혹을 차단하기 위해서는 거실에서 강의를 듣거나, 인터넷 사이트에서 제공하는 차단 프로그램을 활용하는 것도 도움이 됩니다. '대충 듣지 말자.'라는 다짐도 중요합니다. 잠옷을 입은 채 씻지도 않고 나쁜 자세로 듣는 것보다는, 학교나 학원에서 수업을 듣듯이 샤워하고 옷도 갈아입은 뒤 바른 자세로 집중하는 것이 훨씬 좋습니다. 마음과 정신을 정돈하고 강의를 들어야 학습 효과가 높아집니다.

2. 강사 선택도 전략적으로 하세요

인터넷 강의의 큰 장점 중 하나는 강사를 직접 선택할 수 있다는 점입니다. 학교나 학원에서는 강의를 선택할 수 있는 권한이 거의 없지만, 인터넷 강의는 전적으로 나의 선택에 달려 있습니다. 아무리 유명한 강사라도 나와 맞지 않는다면 굳이 선택하지 않아도 됩니다.

강사를 선택할 때는 대형 사이트에 소속되어 있거나 친구가 듣는 선생님이라는 이유만으로 선택하지 말고, 여러 선생님의 오리엔테이션 영상이나 맛보기 강의를 들어보며 직접 비교해 보는 것이 좋습니다. 말투, 판서, 설명 등이 자신에게 잘 맞는지를 판단해 보세요.

커리큘럼은 대부분 비슷하기 때문에 지나치게 신경 쓰지 않아도 되지만, 사용하는 교재는 꼭 확인해야 합니다. 강의가 교재를 기반으로 진행되고, 문제 풀이나 설명이 교재에 담겨 있다면, 그럴 때는 교재를 구입하는 것이 좋습니다. 하지만 다운로드 받을 수 있는 PDF 자료만으로도 충분하다면 굳이 책을 구매하지 않아도 무방합니다. 어떤 강의를 선택할지 고민이 된다면, 다른 수강생의 후기를 참고하는 것도 좋은 방법입니다.

3. 구체적인 목표를 설정하세요

인터넷 강의의 가장 큰 장점이자 약점은, 언제든 원하는 시간에 수정할 수 있다는 점입니다. 하지만 '나중에 들어야겠다.'라는 안일한 생각은 실행에 옮기지 못하고 흐지부지되기 쉽습니다. 겨울방학이라면 1학기 과정을, 여름방학이라면 2학기 과정을 듣는 경우가 많습니다. 강사를 선택한 뒤에는 커리큘럼을 살펴보고 전체 강의 수와 방학 일수를 계산하여 하루에 몇 강씩 들어야 할지를 계획해야 합니다.

예를 들어, 수학 인터넷 강의를 듣는데 '월, 수, 금 오전 9~10시에 강의 한 개', '화, 목 오후 7~9시에는 강의 두 개'처럼 구체적인 목표를 세우고 실천하면 꾸준한 학습 습관이 형성되고, 학습 효과도 높아집니다.

4. 어떻게 들어야 집중력을 높일 수 있을까?

집중력을 높이려면 강의에 필요한 교재와 필기도구만 책상 위에 두고 불필요한 물건을 치워 두는 것이 좋습니다.

스마트폰은 무음으로 설정하거나 전원을 끄고, TV도 꺼 학습에 방해가 되는 요소를 사전에 차단해야 합니다. 예습은 깊게 하지 않아도 괜찮습니다. 오늘 배울 내용을 가볍게 한 번 읽어 보는 정도로 충분합니다. 인터넷 강의의 장점인 되돌려보기나 일시정지 기능을 잘 활용하면, 간단한 예습만으로도 학습 효과를 높일 수 있습니다. 강의를 들을 때는, 학교 수업처럼 중요한 내용을 필기하고, 이해되지 않는 부분은 표시를 남기면서 듣는 것이 좋습니다. 이해가 어려운 부분은 반복해서 듣고, 놓친 부분은 다시 돌려 보는 습관을 들이세요.

처음 듣는 강의부터 배속을 높여 듣는 학생들이 있는데, 이는 권장하지 않습니다. 처음 듣는 개념 강의는 정배속으로 자세히 듣는 것이 좋습니다. 반복 학습일 경우에는 배속을 조금 높이는 것도 괜찮지만, 처음 듣는 내용을 빠르게 넘기는 것은 학습 효과가 떨어집니다. 또한 문제 풀이 강의를 들을 때는 먼저 문제를 풀고 난 뒤에 해설 강의를 듣는 것이 좋습니다. 그래야 자신이 어떤 유형에 강하고 어떤 부분에서 약한지를 정확히 파악할 수 있습니다.

5. 인터넷 강의도 복습은 필수입니다

강의를 들은 직후 바로 복습하는 것이 중요합니다. 교재를 통해 강의 내용을 다시 읽어 보며, 선생님이 강조한 부분이나 메모, 필기한 내용을 확인하면 전체 내용을 보다 쉽게 떠올릴 수 있습니다. 기억이 잘 나지 않는 부분은 다시 학습하고, 오답 문제는 다시 풀어 보는 것이 좋습니다. 같은 내용의 다른 문제집을 풀어 보는 것도 도움이 됩니다.

또한 '백지 노트법'을 활용해 보는 것도 좋은 복습 방법입니다. 강의의 핵심 키워드를 먼저 적은 뒤, 세부 내용을 스스로 채워 나가는 방식으로 자신의 이해 수준을 점검하고 부족한 부분을 파악하는 데 유용합니다. 이해되지 않는 내용은 인터넷 강의 게시판이나 친구, 학원 선생님, 또는 개학 후 학교 선생님에게 질문하도록 하세요. 주말에는 한 주 동안 들은 강의를 다시 복습하며 반복 학습을 하면 더욱 효과적입니다.

인터넷 강의는 언제 어디서나 자유롭게 학습할 수 있다는 장점이 있는 반면, 학원처럼 강제성이 없다는 단점도 있습니다. 인터넷 강의를 성공적으로 수강하려면, 구체적인 계획, 명확한 목표, 그리고 꾸준한 실천이 핵심입니다.

④ 집중력의 시작은 자세부터!

최근에 집중력과 지구력 향상에 도움이 된다고 알려진 의자들이 많이 판매되고 있습니다. 그러나 아무리 좋은 의자라도 앉는 자세가 바르지 않다면 효과를 기대하기 어렵습니다. 잘못된 자세로 오랜 시간 공부를 하면 집중력이 떨어지고 피로가 쉽게 누적되므로, 방학 동안 올바른 공부 자세를 익히는 것이 중요합니다.

운동선수나 무용가들을 보면, 같은 자세를 반복 연습하여 몸이 자연스럽게 그 자세에 익숙해지도록 훈련합니다. 세계 최강의 쇼트트랙 선수들이 빙판 훈련보다 지상에서 거울을 보며 자세를 연습하는 시간이 더 많고, 골프를 배우는 사람들이 비싼 레슨비를 들여 자세 교정을 받는 이유는 무엇일까요? 각 종목에서 최고의 능력을 발휘하려면 올바른 자세를 익히고, 이를 반복하여 습관화하는 것이 중요하기 때문입니다. 공부도 마찬가지입니다.

집중력을 높이고 지구력을 향상하며, 피로감을 줄이는 데 도움이 되는 바른 자세가 분명히 있습니다. 방학 동안 조금만 신경 쓰고 노력한다면, 올바른 공부 자세를 자연스럽게 습관으로 만들 수 있습니다.

1. 손목을 꺾지 마세요

손목을 꺾은 채로 공부하는 학생들 중에는 집중력이 낮고, 자주 멍해지거나 졸음을 느끼는 경우가 많습니다. 물론 모든 학생이 해당하는 것은 아니지만, 손목을 꺾은 채 공부하는 자세는 반드시 고쳐야 할 대표적인 나쁜 자세입니다. 이러한 학생들의 공통적인 특징이 있습니다. 책을 몸 가까이 끌어당기고, 손목을 꺾은 채 글자를 가리면서 읽는 것입니다. 이 자세는 졸음을 유발하고, 집중력을 떨어뜨리기 쉽

〈올바르지 않은 자세〉

이 자세를 바꿔야 하는 가장 큰 이유는, 연필로 글자를 가려가며 읽기 때문입니다. 2시간을 공부한다면 2시간 내내 글자를 가리면서 읽게 되는 셈이죠. 또 하나의 문제는 이 자세가 마치 책을 껴안고 졸고 있는 모습과 비슷하다는 점입니다. 공부에 대한 열정보다는 오히려 숙면에 대한 열정이 커질 수 있습니다.

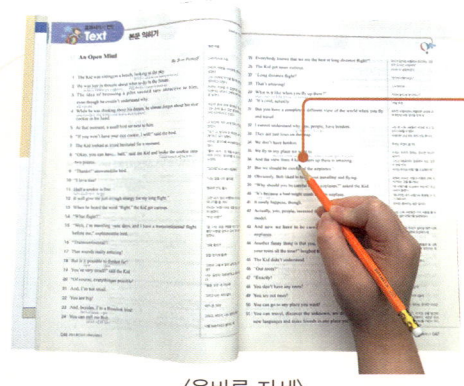

〈올바른 자세〉

연필로 글자 아래를 짚으며 시선을 한곳에 집중하면 집중력을 유지할 수 있습니다. 또한, 글자를 짚으면서 읽는 과정에서 운동 신경이 자극되어 지루함도 이겨 낼 수 있습니다. 꼭 이런 올바른 자세로 공부해 보세요.

습니다. 따라서 방학 동안에는 자신의 자세를 의식적으로 점검하고, 올바른 자세를 익히는 것이 좋습니다.

이 자세를 교정하려면 먼저 책을 몸에서 약간 떨어뜨려 두는 것이 좋습니다. 눈과 책 사이의 거리는 약 30~50cm를 유지하세요. 펜을 쥐고 팔을 책상 위에 올리면 팔이 약간 사선이 되므로, 책도 그 각도에 맞게 약간 비스듬히 두는 것이 좋습니다. 또한 펜으로 글자의 아래 부분을 짚으며 읽거나 중요한 부분에 기호를 표시하는 습관을 들이세요. 처음에는 익숙하지 않아 불편하게 느껴질 수 있지만, 방학 동안 매일 의식적으로 연습하다 보면 보다 자연스럽고 효율적인 공부 자세로 자리 잡게 됩니다.

2. 의자에 엉덩이를 들이 밀어라

공부할 때 가장 좋지 않은 자세는 게임을 할 때와 비슷한 자세입니다. 엉덩이를 앞으로 쭉 밀고 거의 누운 듯한 자세로 공부하는 경우가 여기에 해당합니다. 이러한 자세는 공부할 때 집중력을 떨어뜨리기 쉽고, 오히려 영상 시청이나 여가 활동을 할 때처럼 편안하게 있을 때 적합한 자세입니다. 반드시 바꿔야 합니다.

우선 엉덩이를 의자 뒤쪽까지 깊숙이 넣고, 허리를 세우도록 합니다. 허리를 완전히 곧게 펴기보다는 약간 앞으로 숙인 상태가 더 좋습니다. 다리는 어깨 너비로 벌리고, 발바닥은 바닥에 닿아 있어야 합니다.

만약 아이의 발이 땅에 닿지 않는다면 높낮이 조절이 가능한 의자를 사용하거나, 의자 아래에 발판을 두어 발을 편하게 올려놓을 수 있도록 해 주세요. 발이 바닥에 닿아 있으면 체중이 고르게 분산되어 허리에 부담이 덜하고, 오랜 시간 앉아 있어도 편안하게 집중할 수 있습니다.

바른 자세를 오래 유지하는 것은 처음에는 쉽지 않습니다. 5~10분만 지나도 자세가 흐트러지기 쉽기 때문입니다. 그러나 의식적으로 바른 자세를 유지하려고 노력하다 보면, 어느 순간 습관이 되어 자연스럽게 유지할 수 있게 됩니다.

순천만의 갯벌을 말려 버릴 듯한 뜨거운 햇볕이 내리쬐는 여름날 점심시간, 학교는 종소리 대신 아이들의 웃음소리로 가득했습니다. 기다리고 기다리던 여름방학이 드디어 시작된 것이죠. 선미와 희원이는 누구보다 친한 단짝 친구였습니다. 하지만 방학을 맞이하는 둘의 모습은 마치 낮과 밤처럼 달랐습니다.

선미는 방학이 시작되기 일주일 전부터 꼼꼼히 계획을 세웠습니다. 알록달록한 색 펜으로 시간대별 일정을 정리하고, 과목별로 참고할 인터넷 강의 목록까지 준비했습니다. 부족한 수학 실력을 보완하기 위해 유명 학원의 여름 특강에 등록했고, 영어 실력을 높이기 위해 원서 읽기 계획도 세웠습니다. 방학 동안 해야 할 일들로 가득 찬 선미의 노트는 마치 보물 지도를 연상케 했죠.

"선미야, 너 진짜 대단하다! 나는 방학 내내 늦잠 자고 실컷 놀 생각뿐인데."

희원이는 감탄과 부러움이 섞인 목소리로 선미의 계획표를 바라보았습니다. 희원이는 학교에서 해방된 것만으로도 충분히 행복했어요. 시원한 에어컨 바람 아래에서 좋아하는 드라마를 몰아 보고, 친구들과 맛집을 찾아다니고, 밤늦도록 수다 떠는 상상에 벌써부터 마음이 들떠 있었습니다.

"희원아, 노는 것도 좋지만, 나는 이번 방학에 2학기 성적을 좀 올리고 싶어. 특히 수학이 많이 부족해서 이번 기회에 집중적으로 공부하려고."

선미는 차분하게 자신의 계획을 설명했지만, 희원이는 고개를 갸웃거렸습니다.

"에이, 방학인데 너무 빡빡하게 사는 거 아니야? 공부는 학교 다닐 때도 충분하잖아. 우리 아직 어리다고! 좀 더 놀아야지."

희원이는 해맑게 웃으며 선미의 팔을 잡아끌었지만 선미는 단호하게 고개를 저었습니다.

"나는 지금 이 시간이 정말 소중해. 남들보다 조금 더 노력해서 내가 원하는 목표를 이루고 싶어."

결국 두 사람은 각자의 방식대로 방학을 보내기로 했고, 선미는 계획표에 따라 알차게 하루하루를 보냈습니다. 아침 일찍 일어나 인터넷 강의를 듣고, 학원에서는 친구들과 함께 땀 흘리며 공부했어요. 점심시간에는 도서관에 들러 책을 읽으며 지식을 쌓았습니다. 때로는 계획대로 되지 않아 지치기도 했지만, 선미는 포기하지 않고 묵묵히 자신의 길을 걸어갔습니다.

반면, 희원이는 계획 없이 자유로운 방학을 만끽했습니다. 늦잠을 자고 일어나 느지막이 친구들을 만나 떡볶이를 먹고, 카페에서 수다를 떨었습니다. 저녁에는 시원한 아이스크림과 함께 야식을 먹으며 영화를 보거나 게임을 즐겼습니다. 며칠간은 신나게 놀았지만, 시간이 지날수록 희원이는 점점 무료함을 느꼈습니다. 특별히 한 일 없이 시간만 흘러가는 것 같아 왠지 모를 허탈감이 밀려왔죠.

개학 날, 오랜만에 학교에서 만난 선미와 희원이는 방학 동안의 이야기를 나눴습니다.

"선미야, 너 진짜 열심히 지냈구나! 나는 방학 동안 너무 놀기만 했나 봐. 네 이야기를 들으니 왠지 부끄러워지네."

희원이는 씁쓸하게 웃으며 말했습니다. 선미는 희원의 손을 잡고 따뜻하게 말했습니다.

"희원아, 너무 자책하지 마. 누구에게나 각자만의 방식이 있는 거니까. 중요한 건 우리가 자기만의 방식으로 시간을 의미 있게 보냈다는 거야."

선미의 말에 희원이는 고개를 끄덕였습니다. 희원이는 선미처럼 치열하게 방학을 보내지는 않았지만, 늦잠을 자고 친구들과 즐거운 시간을 보내며 나름대로 스트레스를 해소하고 재충전하는 시간을 가졌다고 생각했어요.

2학기가 시작되고 중간고사를 치른 날. 결과는 예상대로 선미는 방학 동안 노력한 만큼 향상된 성적을 받았습니다. 반대로 희원이는 1학기 때와 별반 다르지 않은 성적에 실망했지만 좌절하지 않았습니다. 선미를 보며 자극을 받았고, 지금부터라도 조금씩 계획을 세워 실천하면 기말고사에는 더 나은 결과를 얻을 수 있을 거라고 다짐했습니다.

선미와 희원이는 여전히 둘도 없는 단짝 친구입니다. 서로 다른 방식으로 방학을 보냈지만, 두 사람은 각자의 경험을 통해 배우고 성장했습니다. 선미는 계획을 세우고 노력하는 것의 중요성을 다시 한번 깨달았고, 희원이는 휴식과 즐거움 속에서도 의미 있는 시간을 보낼 수 있다는 것을 알게 되었습니다. 두 사람은 앞으로도 서로를 응원하며 함께 성장해 나갈 것입니다.

Foreign Copyright:
Joonwon Lee   Mobile: 82-10-4624-6629
Address: 3F, 127, Yanghwa-ro, Mapo-gu, Seoul, Republic of Korea
          3rd Floor
Telephone: 82-2-3142-4151
E-mail: jwlee@cyber.co.kr

2025. 9. 3. 1판 1쇄 인쇄
2025. 9. 10. 1판 1쇄 발행

지은이 | 박인수
펴낸이 | 이종춘
펴낸곳 | BM ㈜도서출판 **성안당**
주소 | 04032 서울시 마포구 양화로 127 첨단빌딩 3층(출판기획 R&D 센터)
     | 10881 경기도 파주시 문발로 112 파주 출판 문화도시(제작 및 물류)
전화 | 02) 3142-0036
    | 031) 950-6300
팩스 | 031) 955-0510
등록 | 1973. 2. 1. 제406-2005-000046호
출판사 홈페이지 | **www.cyber.co.kr**
ISBN | 978-89-315-8590-2 (03370)
정가 | 18,000원

이 책을 만든 사람들
책임 | 최옥현
진행 | 오영미
교정·교열 | 구민희, 오영미
본문·표지 디자인 | 피어러드디자인
홍보 | 김계향, 임진성, 김주승, 최정민, 이해솔
국제부 | 이선민, 조혜란
마케팅 | 구본철, 차정욱, 오영일, 나진호, 강호묵
마케팅 지원 | 장상범
제작 | 김유석

이 책의 어느 부분도 저작권자나 BM ㈜도서출판 **성안당** 발행인의 승인 문서 없이 일부 또는 전부를 사진 복사나 디스크 복사 및 기타 정보 재생 시스템을 비롯하여 현재 알려지거나 향후 발명될 어떤 전기적, 기계적 또는 다른 수단을 통해 복사하거나 재생하거나 이용할 수 없음.

■ **도서 A/S 안내**

성안당에서 발행하는 모든 도서는 저자와 출판사, 그리고 독자가 함께 만들어 나갑니다.
좋은 책을 펴내기 위해 많은 노력을 기울이고 있습니다. 혹시라도 내용상의 오류나 오탈자 등이
발견되면 **"좋은 책은 나라의 보배"**로서 우리 모두가 함께 만들어 간다는 마음으로 연락주시기
바랍니다. 수정 보완하여 더 나은 책이 되도록 최선을 다하겠습니다.
성안당은 늘 독자 여러분들의 소중한 의견을 기다리고 있습니다. 좋은 의견을 보내주시는 분께는
성안당 쇼핑몰의 포인트(3,000포인트)를 적립해 드립니다.
잘못 만들어진 책이나 부록 등이 파손된 경우에는 교환해 드립니다.

"검색창에 '뻡tv'를 검색해 보세요!"